立憲主義をテーマに
マルクスとエンゲルスを読む

Neue
Rheinische Zeitung
Organ der Demokratie.

№ 207. Köln, Sonntag den 28. Januar. 1849.

Zweite Ausgabe.

Deutschland

新ライン新聞 1849年1月28日付

Wir können uns die Arbeit ersparen, diesen belagerungszuständ-lichen Satz zu Ende zu schreiben. Genug die Herren „wollen“ nicht die Revolution, sondern nur eine kleine Blumenlese aus den Resultaten der Revolution; etwas Demokratie, aber auch etwas →① Konstitutionalismus, einige neue Gesetze, Entfernung der feudalen Institutionen, bürgerliche Gleichheit ꝛc. ꝛc.

Mit andern Worten, die Herren von der Nationalzeitung und die von der Berliner Ex-Linken, deren Organ sie ist, wollen akkurat dasselbe von der Contrerevolution erlangen, weßhalb die Contrerevolution sie auseinander gejagt.

Nichts gelernt und nichts vergessen!

→② Die Herren „wollen“ lauter Dinge, die sie nie erlangen werden, außer durch eine neue Revolution. Und eine neue Revolution wollen sie nicht.

→①「etwas Demokratie,aber auch etwas Konstitutionalismus」(何らかの民主制、しかもまた何らかの立憲主義)。

→②「Die Herren „wollen" lauter Dinge, die sie nie erlangen werden, außer durch eine neue Revolution」(この皆さんが『望んでいる』ものはどれも、もう一回新しく革命をおこすことによってしか手の届かないものばかりなのだ)。

はじめに

戦争放棄などを定めた日本国憲法に違反する外国との共同軍事行動（集団的自衛権）を容認する閣議決定（二〇一四年）、さらに国外での武器使用を認める戦争法（安保法制）成立（二〇一五年）を機に、憲法に基づいて政治を行なう立憲主義（注1）を守ろうとする市民と諸野党の共同が始まりました。

そのなかには、社会主義者・共産主義者も含まれています。すると、「そもそも共産主義と立憲主義は相いれない」（注2）という声がでてきました。類似の発言はいまも続いています。その声がもし本当なら、立憲主義を守る共同に共産主義者が参加することは道理が通らない、ということになってしまうはずです。それは、市民と立憲野党の共同を根本的に左右する大問題です。

そこで、本書では立憲主義に関する共産主義の立場を確かめたいと思います。では、共産主義の第一人者はだれか？　周知の通りカール・マルクスです。そこで立憲主義に関する彼の発言を、そして彼の盟友フリードリヒ・エンゲルスの発言を改めて掘り起こしたいと思います。つぎはその一例です。

「何らかの民主制（Demokratie）、しかもまた何らかの立憲主義（Konstitutionalismus）、少しの新しい法律、封建的諸制度の除去、市民的平等など。」「この皆さんが『望んでいる』ものはどれも、もう一回新しく革命をおこすことによってしか手の届かないものばかりなのだ」（原文は右ページ写真参照）（注3）

「この皆さん」とは、一八四八年のドイツ市民革命時、憲法制定議会で市民左派を形成してきた勢力を指しています。右の引用箇所は、同議会をプロイセン国王が武力で解散させた後に、市民左派が〝真の民主的＝立憲的な秩序を望んでいるけれども、革命の継続は望まない〟と表明したのを受けて、マルクスが書いた新聞記事の一節です。

右のように、マルクス達も立憲主義について言及しています。ただし〝そもそも立憲主義とは何か？〟という問題を正面から主題に立てて、それを体系的に全面展開した著作を残しているわけではありません。そこで、二人の『全集』で「立憲主義」（原文がドイツ語だとKonstitutionalismus、英語だとconstitutionalism）という語を検索し、彼らが自分自身の言葉として立憲主義という文言を使っている発言をすべて(注4)書きだすことによって、二人の立憲主義観の全貌に迫ってみたいと思います。自由、人権、権力分立などの文言がみられる発言も適宜織り込みます。

序篇では二人の出生ないし、活動開始以前の時代（一七～九世紀初期）において、各個人の自由や尊厳を守るために憲法で権力を制限する近代立憲主義が成立してきた歴史について、二人の発言をみます。本論では、二人が活動した同時代（一九世紀中～後期）の課題に関する発言を取り上げます。本論第一篇では二人の青年期、第二篇で一八四八～四九年市民革命期、第三篇でその後の発言をみていきます。最終篇では、社会主義的未来社会論に関する発言をみます。巻末には略年表をつけました。

彼らに違和感や反発あるいは共感、いずれを覚える方であれ、以下、事実として二人が立憲主義に関して残した発言をあるがままご覧いただけると幸いです。

（注1）本稿で単に立憲主義という場合は、一七世紀のイギリス市民革命を経て確立した近代立憲主義を意味します。各国憲法典については、岩波文庫『世界憲法集』、『人権宣言集』、信山社『ドイツ憲法集』、参照。

（注2）「夕刊フジ」二〇一五年一〇月二〇日付。

（注3）マルクス執筆――以下、引用箇所では「M」と略――論説「ベルリンの『ナツィオナール・ツァイトゥング〔国民新聞〕』の原級選挙人への呼びかけ」。大月書店『マルクス・エンゲルス全集』第⑥巻二〇四ページ――以下、丸数字は上記『全集』の巻数。訳文は『全集』版既存訳から変えています。以下、既存訳からの変

更は一々断っていません。

（注4）二人以外の人物の発言等の引用あるいは紹介のなかに「立憲主義」という文言が含まれる場合は、右の市民左派のもの以外では、プロイセン国王・ドイツ皇帝のものだけを書きだしました。それ以外の第三者の発言は基本的に割愛しました。割愛箇所の『全集』巻数とページは以下の通りです――⑤二三四、⑧二八六、⑨三四三、⑩三一六、㉘五〇、㉚五〇一、㉜三九二。

序篇

近代立憲主義——資本主義の発展の中で自由を求める市民革命によって成立

フランス人権宣言（1789 年）
Déclaration des droits de l'homme et du citoyen 1789
Jean-Jacques-François Le Barbier 作、1789.
Musée Carnavalet,Paris 蔵

(序篇の概要)

立憲主義に関する二人の発言を取り上げる前提として、彼らが生まれ、活動し始める以前の時代に立憲主義が成立した歴史的な過程とその内容について、二人の発言を織り込みながら、あらかじめこの序篇で簡単にみておきます。

第一節　資本主義の発展とともに資本家階級が成長し、
自由、平等、契約観念も形成

近代立憲主義が西欧諸国で成立する以前の中世封建社会では、主な産業は農業であり、経済は自給自足が大勢を占めていました。各領地で農奴が領主達に作物を貢納させられ、あるいは領主直営地で働く賦役を課されていました。そういう封建支配の頂点に国王が君臨していました。その体制について、マルクスはつぎのように書いています。

「長子相続制が達する古典的な完成は、〔ドイツ人など〕ゲルマン諸民族においては私的所有というものの体制でもある。この私的所有ということがその普遍的な（allgemeine）範疇なのであり、全般的な国家の絆なのである。公共的な諸機能すら私的所有のように思われている」。「宮廷の位、裁判権等々は特別な（besonderer）諸身分の私物である。諸州は各領主等々の私有財産である。国のためのご奉公なるもの等々は君主の私物である。霊というものは聖職者の私有である。私の義務的行為は〔例、主君など〕ある他人の〔支配する〕私有であり、その代わりに私の権利もまたある特例的な私有なのである。主権というもの、ここでは国というものは皇帝の私有物なのである」

「中世にあっては権利、自由、社会的在り方の各形態は特権として、通常の規則からの例外のようにみえる……。これらの特権はすべて私的所有という形式においてあらわれる」（遺稿「ヘーゲル法哲学の批判から」――以下、「法哲学批判」と略。①三五一ページ。傍点箇所は原文強調、点線……は字数節約の為の引用者による省略、〔〕内補足は引用者による――以下同様）

防災や治山治水の指揮監督のような明らかに公共的な諸機能すら領主身分の私的所有権のように思わ

れたのでした。領民を裁判にかける権利も領主身分の私物であり、領民にどのような刑罰を加えようと領主の勝手気ままでした。何らかの権利や自由は上位の皇帝や君主や領主などから例外的に認められた私的特権のように思われていて、だれもが元から人権をもっているという観念はありませんでした。

ところがそういう封建社会でも、各地の産物を交換する商業取引は行なわれていました。商業では、買い手は欲しい商品と売り手を選びます。売り手は買い手の要求に納得できなければ取引に応じません。取引に同意するかどうかは双方とも自由です。その際、例えば買い手の身分が高い場合に、特権的に優遇して売値を下げると、その分、利益が減ります。逆に、買い手の身分が低いからといって差別的に冷遇して売値を上げると、買い手は買い付け先を他の同業者に変えてしまうので、売り手は得意先を失います。このように例外的な優遇や冷遇は長続きしません。市場競争において、取引が何十年何百年と無数に反復されて商業が発展していくと、身分に基づく特権や差別は通用しなくなっていきます。

「大規模なものになった……商業にとって必要なのは、どんな束縛も受けずに活動できる自由な商品所有者達、すなわち、平等な権利をもち、彼らの全員にとって……平等な法に基づいて交換を行なう、そういう自由な商品所有者達なのである」（エンゲルス著――以下、引用箇所では「E」と略――『反デューリング論』新日本出版社・古典選書――以下、「選書」と略――、上、一五〇ページ。⑳一〇九ページ）

そういう商工業に従事する人々の間では、親方と徒弟などの上下関係は別として、親方同士では対等な関係が形成されていきました。そういう上層の町人層が中心になって共和制の都市が発達しました。「諸都市は、諸君主の庇護を受けていたときでさえ、それら自身は共和制だったのであり」、「町人層（Bürgertums）の正常な支配形態は共和制なのである」（E『ドイツ農民戦争』――以下『農民戦争』と略、⑦三五〇ページ）

フランスの絶対君主ルイ 14 世（1638 年生。在位 1643 ～ 1715 年）に神が王冠を授けるように描かれているヴェルサイユ宮殿天井画「王がみずから統治する、1661」

Le roi gouverne par lui-même, 1661。Charles Le Brun 作。1678 ～ 85 年、作成。Château de Versailles。

都市（Bourg）の裕福な町人（Bourgeoi）（ブルジョア）は富を蓄積していきました。一六世紀になると資本主義経済が発生して、科学や技術の発展も加速しました。ブルジョアジーは資本家階級になっていきました。

中央の国王は都市ブルジョアから徴税して富を集積し、常備軍や官僚機構を整備して国家的統合を進め、専制的な絶対君主になっていきました。イデオロギー的には当時、〝王様の権力は、神様が特別な恩寵によって授けたものであり、それを歴代国王が相続してきた〟とする王権神授説が唱えられていました。国王の権力を神の権威によって正当化したのです。その宗教を国王は国教として保護しました。例えば、イギリスには国教会があり、フランスではキリスト教（カトリック）が国教とされていました。

伝統的な身分社会から契約社会への変容

絶対王政は国力増強のために商工業や外国貿易を奨励し、商品取引・貨幣経済は国内農村にも入りこんでいきました。農村では現物地代（貢納）や労働地代（賦役）から貨幣地代への転換が進んでいきました。そういう資本主義の成長は特にイギリスで早くから進行しました。

「イギリスでは農奴制はほとんど完全に片づいてしまい、そして貴族はブルジョア的な収入源、つまり地代を受け取る単にブルジョア的な地主になっていた」（E『農民戦争』、⑦三八一ページ）

領主と農奴という身分的な支配・隷従の関係は、土地を貸す地主と地代を支払う借地人という貸借契約の関係へ変容していき、社会の様相そのものが身分社会から契約社会へ変容していきました。

「資本主義的生産はすべてのものを商品に転換することによって、古来のあらゆる伝統的な諸関係を解体し、伝来の慣習や歴史的権利を売買ということに、『自由』契約ということにおきかえた」

「契約の締結には、自分の人格と行為と財産とを自由に処理することができ、互いに平等権者として相対する人々が欠かせない。この『自由』で『平等』な人々をつくりだすことが、資本主義的生産のまさに最大の業績の一つだったのである」（以上、Ｅ『家族・私有財産・国家の起源』――以下、『起源』と略。選書一〇八～九ページ。㉑八三ページ）（注）

その「契約」観念は、やがて政治思想にも反映するようになっていきます。

（注）資本主義的商品経済の発展にともなう自由・平等・契約観念の形成と法律への反映について、詳しくはＭ『資本論草稿集』（大月書店）第三分冊一三二、一三四～五ページ参照。

第二節　抵抗権、革命権を行使した市民革命で近代立憲制国家が成立

清教徒革命――議会軍が国王軍を破って共和制を樹立

イギリスでは、資本主義経済が発展するほどブルジョア・資本家の収入が増え、借地農業資本家から地主が受け取る地代も増えました。

「だから大地主達の利害はブルジョアジー〔資本家階級〕と共通しており、だから彼らはブルジョアジーと同盟していたのである」（ＭＥ「『新ライン新聞、政治経済評論』への書評」⑦二一七ページ）

そういう「下級貴族と都市〔ブルジョアジー〕との同盟」（注１）を基礎にした英国議会は権利の請願を国王チャールズ一世に提出して、国民を法律によることなく処罰しないことや議会承認なしに徴税しないことを求め、それを守ることを国王も約束しました（一六二八年）。

しかし、国王は後に議会を解散して専制政治に走り、軍事費調達のための課税に同意を得ようとして議会を再招集し、その議会と決裂して軍事反乱を起こしました。その国王軍をオリバー・クロムウェル指揮下の議会軍が破りました。

そのときに、議会軍下層兵士、小農民、手工業者、小商人らの水平派（Levellers）が普通選挙制などを盛り込んだ人民協約（注2）による平和を提唱しました（一六四七年）。水平派は失業や貧困など、資本主義の形成にともなってあらわれてきた社会問題も取り上げました。そういう、「もっとも首尾一貫した共和主義者」・「共産主義的な政党」（注3）をクロムウェルは弾圧し、その指導者達を処刑しました。

（注1）Ｅ『農民戦争』、⑦三八一ページ。

（注2）AN AGREEMENT OF THE Free People of England. Tendered as a Peace-Offering to this distressed Nation。

（注3）Ｍ「道徳的批判と批判的道徳」――以下、「道徳的批判」と略、④三五八ページ。

彼は国王も処刑し、イギリスは共和制になりました（清教徒革命、一六四〇～四九年）。

そのころ、〝統治者は人民に安全を保障し、その代わりに人民は統治者に服従するという契約によって国が生まれた〟と説く社会契約説が登場しました（トーマス・ホッブス著『リヴァイアサン』、一六五一年）。国家主権の根拠を人民の合意・契約によると説明したのです。その後、「統治章典」（一六五三年）という成文憲法案が提案されたのですが議会採択に至らず、クロムウェルは議会を武力解散して軍事専制に進んでしまいました。

イギリス議会上下両院はメアリとウィリアム夫妻の前で権利の宣言を朗読し、夫妻は承認した上で議会から王冠を受けて即位した

君主制の復活と名誉革命――新国王夫妻が権利の宣言承認後に議会から王冠を受けて即位

クロムウェルの没後、前国王の息子が王位に迎えられたのですが（一六六〇年）、新国王も専制と暴政に走りました。それに対抗して議会が国王の長女メアリと、その夫のオランダ総督ウィリアムを招くと、国王は敗色を悟って亡命しました（名誉革命、一六八八年）。

夫妻は、議会が議決した権利の宣言を承認し、議会から王冠を受けて王位につきました。王位を正統化する根拠が、神の恩寵によるという架空の物語から議会の同意へと根本的に変わったのでした。議会と新国王夫妻の両者が合意した宣言は、正規の法律「臣民の権利と自由を宣言し、かつ、王位の継承を定める法律」、権利の章典として制定されました（一六八九年）。こうして、国家の統一的なルールである法律を制定し、税金の徴収と使途に関する予算を決定する権限は、全国から参集する土地貴族とブルジョアの代表者達が構成する議会が握り、統合された国家権力を立法や執行などの機能によって分けることが確立しました。

社会契約説に基づく抵抗権の提唱

そのころ、人民の抵抗権という思想が明確に唱えられました（ジョン・ロック著『統治二論』、一六九〇年）。それは、つぎのような趣旨でした。

生命・自由・所有という自然権を守るために人民同士が契約して政府を設立し、その政府に権力を信託（intrust）した。その権力を統治者が専制的に濫用して人民の生命・自由・所有などを犯す暴政に走ると、それは人民が政府に権力を信託した趣旨に反することになる。そういう場合、その権力を信託した側の人民は暴政に「抵抗する権利」〔『統治二論』後編二〇八節〕をもつ。

この学説は、前国王の暴政に議会が抵抗して成立した新国家体制の正当性を思想的に根拠づけるものとなりました。

近代立憲主義の定着

その後、議会は「王位をさらに制限し、臣民の権利と自由をよりよく保障するための法律」、通称、王位継承法を制定し（一七〇一年）、同法に基づいてステュアート朝断絶後の王位には旧王家遠縁のハノーヴァー家がドイツから迎えられました（一七一四年）。

以上、権利の章典などの成文法、裁判の諸判決からなる判例法、そして古来から続く慣習法という三つのうち、国家の性格にかかわるものとして歴史的に積み重なってきた集合体が英国では憲法

（constitution）と呼ばれました（注）。

（注）INTRODUCTION TO THE STUDY OF THE LAW OF THE CONSTITUTION, A. V. Dicey,1885.（A. V．ダイシー『憲法序説』、学陽書房）。

こうして、国民の権利と自由を保障するために、憲法によって権力の執行をコントロールする近代立憲主義（constitutionalism）が国家体制として完全に確立しました。それは、革命によらなければ手の届かないものだったのです。立憲主義の成立による自由の進展は自由な商品生産・商品交換を促進し、資本主義経済の発展が飛躍する画期となりました。

「立憲君主制が確立されるとともにイギリスにおけるブルジョア〔資本主義〕社会の大規模な発展と変革が始まる」（ME「『新ライン新聞、政治経済評論』への書評」、⑦二一七ページ）

人権観念の成立

資本主義的商品経済が発展し、国際取引が盛んになると、人々の意識もさらに発展していきました。

「封建的束縛から解放し、封建的不平等をなくすことによって法的平等を確立せよ、という要求はやがてさらに大規模に広がるしかなかった。……人が暮らしていたのはもはや、かのローマ帝国のような単一世界帝国ではなくて、ほとんど同じブルジョア〔資本主義〕的発展水準にある独立した諸国家が互いに対等の立場で交易しているという仕組みのなかでのことだったのだから、当然、その要求は個々の国家からはみでる普遍的な性格を帯びるようになったのであり、自由と平等とが人権であると宣言されたのである」（E『反デューリング論』選書、上、一五一〜二ページ。⑳一〇九〜一一〇ページ）

各人の権利や自由が従来通り、自国の君主から特例的に認められたものならば、その効力は自国内に限定され、外国では通用しないことになってしまいます。それでは国際社会で活動する人にとって間尺に合いません。そこで、自由や権利の法的平等を確立せよ、という要求が個々の国家からはみでる普遍的なものとして発展したというのです。そして、君主の許可の有無や国籍にかかわりなく、人であればだれもが有している普遍的な権利、人権として宣言されたというのです。

アメリカ合衆国の独立・建国時に公式に謳われた革命権

人権が史上最初に公式宣言されたのは、異なる国々からきた入植者が開拓したアメリカでした。アメリカ植民地住民に英国政府が増税しようとし、それに抵抗した植民地議会の指導者達を英国軍隊が逮捕しようとしました。議会指導者をアメリカ民兵が守ろうとしてイギリス軍と衝突し、そこから独立戦争へ発展し、独立宣言が発せられたのです（一七七六年）。

それは、すべての人間が生まれながらにして、不可侵の権利、すなわち人権を与えられていることを謳い、その人権を確保するために、人々の間に政府が樹立されることを宣言しました。しかも、その政府が得る権力が正当であるのは、統治される者の合意に基づくというのです。それは、ロックの信託（intrust）論と同じ趣旨です。こうしてそれは、人民は政府を改造または廃止し、新たな政府を樹立する権利を有すると謳いました。つまり〝人民は革命を起こす権利をもつ〟こと、人民の革命権を宣言したのでした。

その後、憲法制定議会が単一の最高法典として成文憲法を定めました（一七八七年）。「我ら合衆国人民が」「この憲法を制定し、確定する」（憲法前文）。

すなわち、国民が憲法を制定するという、国民主権原理・民主主義と立憲主義とが一体の国家体制が樹立されたのです。合衆国憲法も法律と予算の決定権を議会がもつ権力分立制になっていました。ただし、同憲法は奴隷制を禁止していないという、重大な問題を残していました。

フランス大革命では「抵抗権」そのものが「人権」の一つに数えられた

自由や人権への要求はフランスでも強くなっていき、ジャン・ジャック・ルソーが『社会契約論（Le Contrat Social）』を発表し（一七六二年）、それを絶対君主制政府は焚書にしました。その後、国王ルイ一六世が増税への協力を求めようとして、僧侶・貴族・市民からなる三部会を招集したのですが、国民の不満に不穏を感じて三部会を解散し、抵抗した市民の議会を武力で弾圧し、それに民衆が怒って市民革命になりました（一七八九年）。

国民議会は、人間および公民の権利の宣言、Déclaration des droits de l'homme et du citoyen（通称、人権宣言）を採択し、そこで次の通り抵抗権を宣言しました。

「すべての政治的結合の目的は、人の時効によって消滅することのない自然的な諸権利の保全にある。これらの諸権利とは、自由、所有、安全および圧制に対する抵抗である」（第二条）

抵抗権そのものが人権の一つとして数えられたのでした。

ただし、その人権宣言も大きな課題を残していました。「人」と訳されている「homme」も、「公民」と訳されている「citoyen」（注）も、男性に限られていたのです。

（注）フランス語の「citoyen」は「cité」（街・都市）からの派生語であり、英語では「citizen」に相当し、「市民」と訳されることもあります。君主制下の「臣民」という呼称を拒否するニュアンスがあり、フランス革命期には「同

志」に近い語感で用いられました。資本家か賃金労働者かに関わらず、公民権をもつ市民を指します。「bourgeois」（ブルジョア）も「市民」と訳されることがありますが、資本家などの富裕層を指します。ドイツ語の「Bürger」はフランス語の「citoyen」と「bourgeois」の両方の意味を持ちます。「citoyen」の意味でなく富裕層の意味を明確にする場合は、ドイツ語でも「Bourgeois」が使われます。本書では、「Bürger」が封建制や国家に対して使われている場合は「市民」と訳し、賃金労働者に対して使われている場合は「ブルジョア」と訳します。

その後、立憲君主制になり、さらに国王が処刑されて民主共和制になったのですが、その共和制はロベスピエール独裁に反転し、彼の失脚後は三人構成の統領政府の専制となってしまいました。この時も、「もっとも首尾一貫した共和主義者」・「共産主義的な政党」(注1)が独裁に反対して、民主共和制憲法（一七九三年）の実施と議会制復活を目指したのですが、統領政府によって弾圧され、指導者バブーフは処刑されました。

その後、軍人ナポレオンの独裁帝政となり、彼の敗北後に旧ブルボン王家が王位に復帰し、復古王政崩壊後にオルレアン家のルイ・フィリップが王位に迎えられ、立憲主義の憲法が制定されました（一八三〇年）。「立憲君主制」(注2)、「立憲主義《Konstitutionalismus》」(注3)になったのです。

（注1）M「道徳的批判」、④三五八ページ。
（注2）M「東インド会社――その歴史と成果」、⑨一四三ページ。
（注3）M「ユダヤ人問題によせて」、①三八九ページ。この箇所は第三章で改めて取り上げます。

その前後の時期、ナポレオンの侵略を受けたスペインとポルトガルも立憲君主制になりました。ベルギーも独立して立憲君主制になり、ゴータ公（ドイツ）の弟を王に迎えました（一八三一年）。

資本主義と国家形態——絶対君主制、立憲君主制、民主共和制

これまでみてきたように、西欧社会は国や地域によって早いか遅いかという違いがあるのですが、資本主義経済の発生・成長にともない、大づかみにみて、絶対君主制の統一国家へ、さらに市民革命によって立憲君主制または民主共和制へと変わってきました。また、経済恐慌や失業など、資本主義特有の社会問題もあらわれてきました。

「この社会が発展していればいるほど、したがってブルジョアジーが一国で経済的に発展しており、だから国家権力もブルジョア的表現をとっていればいるほど、社会問題ということはもっとどぎつくでてくる。すなわち、フランスではドイツよりもっとどぎつく、イギリスではフランスよりもっとどぎつく、立憲君主制の下では絶対君主制の下でよりもっとどぎつく、共和制の下では立憲君主制の下でよりもっとどぎつくでてくるのである」（M「道徳的批判」、④三五九ページ）

大づかみにみると、絶対君主制よりも立憲君主制、さらに共和制になっている国ほど、資本家階級が発展しており、資本主義的な社会問題もはっきりと目につくようになるというのです。

第三節　ドイツは一九世紀になっても国家的統一や立憲制が実現していなかった

そういう資本主義の発展が、ドイツ地域は一九世紀に入っても遅れていました。

「ドイツでは農奴制が存在し続けており、貴族は封建的な収入源をもっていた」（E『農民戦争』、⑦三八一ページ）

プロイセン王国（首都ベルリン）やバイエルン王国（首都ミュンヘン）など、三五の領邦国家と四つの自由市が関税同盟（一八三四年発足）を構成していましたが、国家的統合にまでは至っていませんでした。そういうドイツのライン地方で、マルクスとエンゲルスは生まれました。ライン地方はプロイセン王国の統治下にあり、同国は絶対君主制の軍国主義国でした。大多数の国民には政治的自由も参政権も認められず、ユダヤ人は差別と抑圧を受けており、キリスト教（プロテスタント）が国教と定められていました。

そのように前近代的なドイツ地域にも、立憲主義は思想としては伝わってきていました。例えば、哲学者「ヘーゲルは、彼の『法哲学』（一八二一年）で、立憲君主制が最高の最も完全な統治形態であると公言」（注1）していました。一八三〇年代には、職業的政治家と反政府運動家達の演説や著作、さらに文学に「立憲主義《Constitut ionaism》」という言葉が登場するようになりましたが（注2）、「立憲主義《Konstitutionalismus》のための運動」はまだ「言葉の（des Phrasen）」運動、「弁護士達（Advokaten）」の運動（注3）に留まっていました。

（注1）E『ドイツにおける革命と反革命』——以下、『革命』と略——、⑧一五ページ。
（注2）同前、⑧一四ページ。
（注3）以上「」内はE『ドイツ国憲戦役』、⑦一一三ページ。

序篇の小括

西欧では一六世紀ごろから封建制社会の胎内に資本主義が発生し、領主階級の間で中央集権が進んで絶対君主制になりました。商品経済の普及に伴って、自由・平等・契約・人権観念が成立・普及していき、世襲の身分社会が契約社会へ変容していきました。

一七世紀にはイギリスで、一八世紀には米仏両国で、君主制政府が求めた増税に議会が抵抗し、その議会を政府が武力で弾圧しようとしたのに議会が抵抗して市民革命となり、どれも共和制に進みました。米仏両国では人権が宣言され、人権を守るための革命権(米)、あるいは人権の構成部分として抵抗権(仏)が宣言されました。

英仏両国では共和制期に「もっとも首尾一貫した共和主義者」・「共産主義的な政党」が普通選挙制の実現・実施を求めたのですが、政権によって弾圧されました。英仏両国はどちらも共和制の反対物である軍事独裁支配に転化して、国民主権の確立が挫折し、憲法に基づく統治も破壊されました。その後、両国では王制が復活し、憲法に基づいて政治を行なう君主制になりました。アメリカ合衆国では国民が単一の最高法典として成文憲法を制定しました。

そのように、各国によって歴史や支配階級および国家形態などが異なります。それでも、それらの各国では、国民各個人(ただし自由人男性)の自由と権利や私有財産を保護することを目的にし、為政者が権力を勝手気ままに乱用して個人の権利を侵害することがないように予防するため、憲法に基づいて政治を行なう制度が共通して実現しました。それはどの国でも、革命をおこすことによってしか手の届かないものばかりでした。そこでは、憲法に基づいて国家的統合を保持しながら、同時に、統一的な国家権力を機能によって分ける権力分立制をとっています。国民の選挙（制限選挙制から普通選挙制へ発展）に基づく代議制議会が立法権と課税承認権によって国王（立憲君主制）ないし大統領（民主共和制）の執行権を制限するようになっています。議会内では発言の自由と各議員の対等という特徴があり、執行権は一元的に権力が集中した上意下達式で組織される傾向があります。以上のような共通性は立憲主義と呼ばれました。

封建的な伝統が強く残っていた英仏両国は立憲主義の君主制になりました。アメリカ合衆国は、国民が憲法を制定し、国民主権原理・民主主義と立憲主義とが一体になった立憲主義の民主制として建国されました。

ドイツ地域は一九世紀に入っても資本主義の発展が遅れており、国家的統一も立憲制も実現していませんでした。しかし、立憲主義は思想としては伝わってきていました。

第一篇

人間的解放を求めた青年期

エンゲルス（１８４０年）

マルクス（１８３９年）

（第一篇の概要）

欧米諸外国で立憲主義が国家体制として成立し、立憲主義の思想は伝わってきているけれども、自国プロイセン（ドイツ）では立憲制がまだ実現しておらず、封建色濃厚な専制統治が続いているという時代状況のなかで、マルクスとエンゲルスは育ったのでした。二人が自分達の同時代の課題に取り組むなかで、立憲主義に言及した発言を、これからみていきます。第一篇では、彼らの青年期の発言を追跡します。

第一章　絶対君主制のプロイセン支配下で
自由と立憲主義を渇望した青春

二人が書き残した発言のうち、「立憲主義」という言葉が先に登場するのはエンゲルスの方です。

第一節　「自由を目指す奮闘、発展しつつある立憲主義、貴族に抵抗」――エンゲルス

彼は一八二〇年、ライン地方の都市バルメンで織物工場主の家に生まれました。一八歳の夏に父のお供で立憲君主制の先進国イギリスに出張し、帰国後は北ドイツの自由都市ブレーメンの商会で貿易事務員として働きました。乗馬・ダンス・合唱などを楽しむ活動的な青年でした。当時、彼は故郷の友人宛の手紙でつぎのように書いていました。

「僕達の世紀の理念であるユダヤ人解放と奴隷解放、全般的な立憲主義（constitutionalismum）、その他のよい理念」（フリードリヒ・グレーバー宛一八三九年四月二八日付手紙。引用箇所原文ラテン語。㊶四一六ページ）

新聞に論説を発表して、古い民話の一九世紀版に期待される姿について、つぎのように書いたこともあります。

「とりわけ現代を観察すると、自由を目指す奮闘や発展しつつある立憲主義《Konstitutionalismus》や貴族の抑圧に対する抵抗

……、これらの諸傾向の真理と合理性を民衆本が……示すように求めたとしてもかまわないだろう」（評論「ドイツの民衆本」、一八三九年一一月、㊶一〇ページ）

つぎのようにも書いたこともあります。

「我が祖国の分裂が続くかぎり、我々は政治的に無でありつづけ、公的生活、成熟した立憲主義《Konstitutionalismus》、出版の自由、そしてさらに我々が求めるものはすべてはかない望みでありつづけ、その実現はいつも中途半端にとどまるであろう」（評論「エルンスト・モーリッツ・アルント」、一八四一年、㊶一三九ページ）

以上の通り、彼は諸外国で以前から成立していた立憲主義という概念を踏襲し、それが自国でも実現することを強く求めていました。

当時の客観的な情勢としては、一八四〇年代に「上層ブルジョアジーの立憲主義《Constitutionalism》」（注1）運動が始まっていました。それに対し、プロイセン国王は「普通の立憲主義《Konstitutionalismus》」は「皮相でありきたりだ」と馬鹿にしていました（注2）。

（注1）E『革命』、⑧二四ページ。
（注2）「」内はE「プロイセン国王フリードリヒ・ヴィルヘルム四世」、一八四二年。①四九二ページ。

第二節　「検閲制度の真の根本的治療はその廃止にある」――マルクス

マルクスは一八一八年、ライン地方の都市トリーアでユダヤ人弁護士の父の下に生まれました。ボン大学を経てベルリン大学に進み、法学部で法学書を生徒風に読み通しながら法哲学執筆を試みたこともあります（注）。卒業後、哲学論文をイェーナ大学に提出して博士学位を得ました。

（注）Mから父宛の一八三七年一一月一〇日付手紙、㊵四ページ。

自由を求めて検閲や発禁と闘った実社会デビュー

翌年、彼は「プロイセンの最新の検閲訓令に関する見解」という政論を執筆し、そこでつぎのように主張しました。

「検閲制度の真の根本的治療はその廃止にある」（一八四二年。①二七ページ）

彼が実社会デビューにあたって真っ先に表明したのは検閲廃止論だったのです。それを彼は『ドイツ年誌』に寄稿し、その際、論文「法哲学批判」を後に追加寄稿することも予告しました。他方、銀行家カンプハウゼン達が出資して自由主義的な論調の『ライン新聞』を発行し始めると、そこでも彼は一連の政論を発表し始めました。

そういう彼の積極的な意気込みの前に立ちはだかったのは、彼が廃止を主張した検閲でした。『ドイツ年誌』は公刊されないままに月日が経ちました。その時、彼は同誌編集長宛に手紙でつぎの通り書いています。

「貴『年誌』には何が起きているのですか？　……ザクセンは今議会で検閲というものを弾劾するのでしょうか？　麗しい合立憲性（Constitutionalitäten）だ。あなたからのお知らせをちかいうちに聞けるよう望んでおります」（アーノルト・ルーゲ宛同年七月九日付。㉗三五二ページ）

同誌編集部は、ドイツの領邦国家ザクセン王国内に置かれており、同国は当時、立憲主義を標榜していました。しかし、表現の自由を抑圧する検閲制度があり、それを議会は弾劾すらしていなかったのです。そういう実態について、立憲主義だと称していても、立憲主義尊重なるものはその程度にすぎないという意味で、麗しい合立憲性だと彼は皮肉ったのです。表現の自由など、人権を尊重するという角度から立憲主義をとらえた上での皮肉です。結局、同誌はザクセン王国内でもドイツ全土でも発禁とされました。そこで同誌は翌年に改題の上、スイスで刊行されました。

『ライン新聞』もプロイセン政府によって発禁処分を受けました。しかし、その発禁に同紙の株主達は抵抗しませんでした。代わりに、同紙の自由主義的な論調を緩和しようとしたのです。これに抗議して彼は編集部を辞任しました。二か月後、彼はつぎのように書いています。

「まずは人間の自己感情というもの、自由というものが、これらの人の胸の内で再び目覚めなければ。」「専制君主というものがみているのは常に尊厳を奪われている人間なのだ。」「わがドイツは、人間というものを再び樹立したあのフランス革命からはるかに遅れている」（以上、ルーゲ宛一八四三年五月の手紙、①三七五～六ページ）

第二章　立憲君主制の第一命題は諸権力の均衡

そのころ、エンゲルスはイギリスのマンチェスターにいました。父が共同経営者をしていた紡績工場に赴任していたのです。同地から彼は『ライン新聞』あるいは英国の新聞に寄稿していました。それらの記事のなかで、彼はつぎのように書いていました。

「イギリスの憲法は、いままで約一五〇年の間、とぎれることなくこの国の法となってきた。すべての変革が合法的手段によって、合憲的形態によって行なわれてきた。したがって、イギリス人は彼らの法に対して強い尊敬をもたずにはいられない」（E「大陸における社会改革の進展」、一八四三年、①五二九ページ）

このように、保守的な漸進主義が英国法の伝統になった経緯について、彼はつぎのように紹介しています。「立憲君主制から民主制へ〔清教徒革命〕、軍事専制へ、王政復古へ、そして中道革命〔名誉革命〕への推移は、イギリス革命でもはっきりきわだってあらわれている。」「対立を廃止できないという絶望と、そのせいで経験にすべてを委ねるということとは、イギリス人の国民性に特有のものである」（E「イギリスの状態、一八世紀」一八四四年、ドイツ語新聞『フォールヴェルツ』〔前進〕掲載。①六〇八ページ）

イギリスは、議会による権利の請願（一六二八年）を守ることを国王が約束した立憲君主制だったにもかかわらず、国王が議会に対して軍事反乱をおこして内乱になり、国王軍を議会軍が破って民主制に進みました。するとクロムウェルは水平派を弾圧し、さらに長老派（立憲君主制派）を議会から追放し、前国王を処刑し、やがて議会も武力解散して軍事専制に走りました。王政復古後は、逆に共和派に対して実に無慈悲な報復が行なわれました。こうして各派・各階級勢力間の対立を廃止できないことが改めてあらわになって、最後に中道革命（名誉革命）で立憲君主制に戻りました。当時としては、再建された立憲君主制下で対立が内乱にまで激化しない範囲でようやく収拾がついたのでした。

「中道派が特にイギリスの憲法の美点とみなしているのは、それが『歴史的に』発展してきたという点である。つまり、普通の用語でいえば、一六八八年の〔名誉〕革命によってつくりだされた古い基盤を維持し、このいわゆる土台の上に建て増しを続けてきたという点である」（E「イギリスの状態、イギリスの憲法」、一八四四年、同前。①六二五ページ）

対立そのものは廃止できないが、かといって甚大な犠牲をこれ以上だし続けるわけにもいかないということで、不承不承ではあっても妥協がかろうじて成立したのであり、そのような歴史を経て落ち着いた憲法を軽々に扱うことを禁物としたというのです。憲法に変革を加える場合は、慎重の上にも慎重を心がけ、常に合法的、合憲的に改良を上積みしてきたというのです。彼はつぎのようにも書いています。「もし国家の本質が宗教の本質と同様に、自分自身に対する人間性の不安であるとすれば、この不安は、立憲君主制、とくにイギリスの君主制においてその頂点に達している。」「純粋の君主制は恐怖を呼びおこす。」「純粋の貴族政治もこれに劣らず恐ろしい。」「民主制はこの両者よりもっと恐ろしい。」「クロムウェルとロベスピエール、〔英仏〕二人の国王の血まみれの首、追放者名簿と独裁は、民主制の『惨禍』を十分声高く語っている。おまけに周知のとおり、これらの形態の一つとして長続きできたものはかつてない。では一体どうすべきだったか?」「三つの非倫理的な要素を合わせれば一つの倫理的な産物となりうる、という結論を引きだして、立憲君主制をつくりだしたのである」（同前、①六二六～七ページ）

つまり、個人専制の君主制、寡頭支配の貴族政治、そして民主制はどれも恐ろしい前例があるので、それら三つの要素を合わせて中和しようとしてできたのが立憲君主制だと、イギリス人は受け止めているというのです。

イギリス立憲制の一九世紀当時の現状に関し、彼は続けてつぎの通り書いています。「立憲君主制の第一命題は諸権力の均衡という命題である。」「第一に君主制的要素。」「イギリスほど、この統治しない人格が崇められているところはほかのどこにもない。」「つぎは貴族制的要素。」「上院〔貴族院〕の政治的影響力がとるにたりないものになればなるほど、貴族に対する民衆の尊敬もそれだけ高まっていった。」「本当のところは、下院〔庶民院――民主的要素〕が法律をつくり、また内閣をとおして法律を管理しているのであって、内閣は下院の一委員会にすぎない」（以上、同前、①六二七～六三〇ページ）。

右のようにエンゲルスはイギリスの地から、立憲君主制をドイツ人読者に紹介していました。

第三章　政治的解放を前進させ、労働者革命で人間的解放を目指す

ドイツがフランス革命からはるかに遅れていることを痛感していたマルクスは、一八四三年の夏、フランス革命史を集中的に研究しました。その時期のノートには人権宣言や一七九一年憲法など、憲法制定過程に関する研究の跡があります。そこには、ルソー著『社会契約論』の抜粋に「体制を構成している（constituirenden）〔人民の〕一般意志の上の支配者ではなしに体制というもの」と題した箇所もあれば、モンテスキュー著『法の精神』の抜粋に権力分立と題した箇所もあります（新『マルクス・エンゲルス全集』、Marx-Engels-Gesamtausgabe ――通称・新ＭＥＧＡ、Ⅳ／2、九二～九四、一〇九～一一一、一一九ページ）。

第一節　「法哲学批判」――体制の進歩、立法権力と統治権力

右の歴史研究と並行して、彼は論文「法哲学批判」の執筆を続けていました。その主題について彼は前年、つぎのとおり書いていました。

「その核心は、つぎからつぎへどこまでも自己矛盾しており、また自己止揚している一つの両性体である立憲君主制というものの克服です」（ルーゲ宛一八四二年三月五日付手紙。㉗三四二ページ）

「止揚（aufheben）」とは、物事が従来の存在様式を止めて、質的に異なる新しい高度な段階に発展する際に、古いものがすべて廃止されるわけではなくて、そのうちの積極的なものは保持され、充実させられて、質的により高度なものへ発展させられるという点に特に注意する哲学的範疇です。ドイツ古典哲学、特にヘーゲルが重視して、それをマルクス達も継承しました。

「止揚、その中では否定と保持、肯定が結合されている」（M「一八四四年の経済学・哲学草稿」。㊵五〇四ページ）

つまり、立憲君主制の矛盾と止揚・克服が「法哲学批判」の主題だというのです。

立法権力＝人民の合同意志の代表が骨董品と化した絶対王制を打倒

「法哲学批判」で彼はまず体制の進歩、すなわち、革命ということについてつぎのとおり書いています。

「新しい〔国家〕体制へ変わるときにはいつも本格的な革命が必要だった。…／…体制（Verfassung）というものの運動ということが、進歩ということが体制というものの原理にされるということ、したがって体制の現実の担い手である国民が体制というものの原理にされる、ということは不可避なのである」（①二九三ページ）

右のことを典型的に示したのは、フランス大革命でした。国民議会は国民の支持を得て革命を指導して絶対君主制の体制を倒しました。当初は君主制そのものは廃止せずに、立憲君主制の憲法をつくりました（一七九一年）。しかし、オーストリア皇帝とプロイセン国王がルイ一六世の救援を呼びかけ、両国軍がフランスに侵入し、オーストリア軍にフランス王妃マリー・アントワネットが内通するなか、普通選挙によって成立した国民公会は王制を廃止して、民主共和制を宣言し（一七九二年。第一共和制）、普通選挙権を明記した憲法を制定しました（一七九三年）。民主共和制への進歩を選んだのです。そのことをマルクスはつぎのように書いています。

「立法権力というものがあのフランス革命をなしとげたのである。――そもそも立法権力が〔王制廃止など〕偉大な普遍的な機構諸変革をなしとげたのは、立法権力が支配者として登場した際の特殊性にある。――立法権力は体制ということ（die Verfassung）とたたかったのではなく、骨董品と化した特定の一体制とたたかったのであり、立法権力というものが人民の合同（Gattungs）意志の代表だったからにほかならない」（「法哲学批判」。①二九四ページ）

「人民は自分に新しい体制を与える権利をもつか？　これは無条件に肯定されなければならない」（同前）

立法権力を担う議会は、新しい体制を与える権利をもつ人民の合同意志を代表して、骨董品と化したブルボン絶対王制という特定の一体制を覆し、代わりに立憲君主制の憲法、次いで民主共和制の憲法を制定しました。しかし、一定のルールや諸制度によって基礎づけられ構成される体制というもの自体を一般的に否定したわけではありませんでした。

統治権力

ところが、国民公会が選任した公安委員会（執行機関）と保安委員会（警察機関）の方は暴走して、急進共和派のロベスピエールが独裁支配を行ない、彼が恐怖政治のあげくに孤立して倒れた後、つぎは統領政府が専制支配を行ない、第一統領のナポレオンは軍事クーデタで共和制を破壊し（一七九九年）、さらに皇帝に即位して軍事専制支配を打ち立てました（一八〇四年）。立憲主義も民主主義も完全に破壊してしまったのです。

そういう軍隊や行政権の暴走についてマルクスはつぎのように書いています。

「統治権力の方はそれ〔人民の合同意志〕に背いて小さな諸革命を、後ろ向きの諸革命を、つまり様々な反動をなしとげたのである。――統治権力は新体制を求めて古い一体制に対抗する革命を起こしたのではなく、体制ということ（die Verrfassung）に対抗する〔反〕革命を起こしたのであり、それは、統治権力というものが特殊な意志の、主体的な勝手気ままの、意志というものの魔性部分の代表だったからにほかならない」（同前）

右の引用中にある統治権力という言葉は、元来ヘーゲル著『法の哲学綱要』のなかにある用語であり、司法権も含む概念ですが、主として行政権を指していました。軍隊や警察・行政機構という、上意下達式に組織された大規模な機構をもつ統治権力を握った公安委員会も、軍人ナポレオンも、職権を勝手気ままに濫用して独裁に走りました。彼らは一七九三年憲法という特定の体制を破棄しただけでなく、より広く体制というものを一般的に破壊したのでした。一定のルールや諸制度から構成される体制というもの自体を全般的に破壊して、主体的な勝手気ままの独裁支配に進んでしまったのです。選挙に基づく共和制が実現した後でも、執行権力が憲法の制限から逸脱し、立憲主義を破壊して、共和制の反対物である独裁に転化するという事態がおきたのです。

身分代表議会で君主が外見的な権力になるのか、権力が外見においてだけは無いようにするのか

つぎにマルクスは、「身分代表議会」についてつぎのように書いています。

「身分代表議会（Ständen）において国民は国家に参与し始め、また彼岸的なもののようになっている国家もまた国民の主体的意識に入り込む」（①三〇四ページ）

たとえ、身分代表議会であっても、国民の普通選挙による議会でなくても、それを通じて国民は国政に部分的・間接的ではあれ参与し始め、国家というものを意識するようになってきたというのです。彼はさらにつぎのように書いています。

「身分代表議会は、国家と市民社会との矛盾が国家のなかで設定されたものである。同時に身分代表議会はこの矛盾の解消の要求である」（①三〇五ページ）

例えば国家が市民社会に対して増税を命じ、市民社会が減税を要求すると、両者の間には矛盾が生じます。そこで、矛盾を身分代表議会という場に設定して討論によって解消しようとするということになります。彼はさらにつぎのように書いています。

「身分代表議会はただ国民と政府の間を媒介するだけなのではない。それは君主の権力が孤立した『極』のように、そのせいで『むきだしの支配者権力や勝手気まま』のようにあらわれるかもしれないということを防ぐ」。「このことが正しいのは、君主権力というものの原理（勝手気まま）が身分代表議会によって制限されており、少なくとも鎖をつけてでしか動くことができないかぎりにおいて、また身分代表議会そのものが君主権の分担者、共同責任者となるのであるかぎりにおいてのことである。これによって

君主権力は、君主権力という極であることを本当にやめて、一つの外見的な権力、一つの象徴となるのか〔i〕、そうでないなら、その勝手気ままとむきだしの支配者権力が外見においてだけは無いようにするのか〔ii〕、どちらか一つなのである」（以上、①三〇五～六ページ。『』内はヘーゲル著『法の哲学綱要』からのMによる引用。（ ）内はMによる補足。〔i〕〔ii〕は本書著者による補足――以下同様）

身分代表議会が国民と政府の間を媒介するといっても、その実態としては二つの場合がありうることを彼は指摘しています。

一つは、君主権力というものの原理（勝手気まま）が身分代表議会によって制限されている場合です〔i〕。その場合には、身分代表議会が君主との共同責任者となり、君主は外見的な権力者・象徴となるというのです〔i〕。

もう一つは、本当のところは君主が権力を勝手気ままに振り回し続けているにもかかわらず、そういう実態が外見にあらわれでないようにして、身分代表議会の集団的意思にしたがっているかのように装っているだけの場合です〔ii〕。

つまり、実権を身分代表議会がもつのか〔i〕、君主がもつのか〔ii〕、二つの場合がありうるというのです。なお、この問題は、ここでは学問上・理論上の二つの可能性として検討されているのですが、後年、それは重大な現実問題として立ちあらわれることになります。

立憲君主制の代議院で政治的対立が発展し、選挙権が拡大・普通化

さらに彼は、当時の君主制諸国家についてつぎの通り書いています。

「本当の対立物は君主と市民社会である。」「市民社会の側からは身分代表議会が、君主の側からは統治

権力がそれぞれ代表派遣されている」（以上①三二四〜五ページ）

つぎに貴族院について、彼はつぎのとおり書いています。

「〔一八三〇年の〕フランス憲法（Konstitution）は……一つの進歩である。それは貴族院を全く無意味なものにした」。「貴族という位はこの憲法においては、……特別の諸権限を備えた現実的な身分というより、むしろ政治的な飾りのようにみえる」（①三五六ページ）

選挙によって成立する代議院については、彼はつぎのように書いています。

「代議的権力内部のあの対立が、代議的権力の最も主要な政治的あり方なのである」、「問題は選挙――選挙する権利も選挙される権利も――の拡大と可能なかぎりの普通化にある。これがフランスでもイギリスでも政治改革の本来の争点なのである」（①三六四ページ）

フランスの立憲君主制において貴族が政治的な飾りとなり、他方で代議院において政治対立が発展し、選挙権の拡大・普通化が課題になってきていたのでした。

第二節　立憲君主制の矛盾を止揚して民主的代議制へ

右のように立憲君主制下で進歩しつつあるフランスのパリに、マルクスは移住しました（一八四三年一〇月）。

当時のフランスの立憲主義の問題、政治的解放の中途半端という問題

当時の同国憲章（Charte constitutionnelle）（一八三〇年）は宗教信仰の自由について、つぎのとおり

定めていました。

「各人は平等な自由をもってその宗教を信仰表明し、その祭礼について同様の保護を得る」（第五条）

このように信仰の自由を保障していたのです。ところが、そこには問題が付随していました。同憲章はつぎのようにも規定していたのです。

「フランス人の多数者によって信仰表明されている使徒継承のローマカトリック教、および他のキリスト教宗派の司祭は財務局から俸給を受ける」（第六条）

そうなると、キリスト教以外の宗教、例えばユダヤ教徒から国家が強制的に徴収する税金からもキリスト教司祭への俸給に回されることになります。それは、非キリスト教徒にとっては意に反することであり、強制権力をもつ国家によって非キリスト教徒の信仰の自由が侵害されることを意味します。つまり、同国憲章は第五条で国家が信仰に関して各人に平等な自由を認めると明記しておきながら、同時に第六条では非キリスト教徒の信仰の自由を侵害して実態的に不平等に扱うことを示していたのです。この問題について、マルクスは論文「ユダヤ人問題によせて」（以下、「ユダヤ人問題」と略）でつぎのとおり批判しました。

「フランスでは、この立憲（君主制）国家では、ユダヤ人問題というものはその立憲主義《Konstitutionalismus》の問題なのであり、その政治的解放の中途半端という問題なのである。ここでは一つの国教……が、取り上げるほどでもない自己矛盾した決まり文句において、多数者の宗教という決まり文句においてではあれ続いている」（①三八九ページ）。

立憲主義は本来、平等な自由を各人に認める政治的解放を進めるはずのものなのだが、当時の同国は立憲主義といっても君主制を残しているものなので、その下では平等な自由といっても中途半端が残っているのであり、信仰の平等な自由という原則に反する国教制もその一つだというのです。

公人と私人とへの分離＝政治的解放の完成

そういう国教制でない立憲国家としては、当時、アメリカ合衆国がすでに存在していました。同国について紹介した文献から引用しながら、マルクスはつぎのように書いています。

「『合衆国には国教、多数者の宗教として宣言されている宗教、他の宗派に優越する宗派は存在しない。国家はすべての宗派と無関係』（G・ド・ボーモン著……）。しかも北アメリカには『憲法（la Constitution）が宗教的信仰ということや、一祭祀の実行ということを政治的特権の条件として課さない』（前掲書……）州がいくつかある」。「それにもかかわらず、北アメリカはとびぬけて信心深い国なのである」（同前、①三八九ページ）

その上でマルクスは、「北アメリカの多くの州で行なわれたように、選挙資格および被選挙資格に対する納税条件を人が廃止」（同前、①三九一ページ）した、すなわち普通選挙権が実現した国についてつぎのように書いています。

「国家が生まれや身分や教養や職業……の相違の斟酌なしに人民各成員を人民主権への平等な参加者であると布告するとき、国家が現実の人民生活の全要素を国家の見地から取り扱うとき、国家は生まれ・身分・教養・職業の差別を国家なりの仕方で廃止している」（同前、①三九一～二ページ）

民主共和制では、一人一票の投票権など国家政治への参加資格に関しては、生まれ・身分・教養・職業による差別を廃止しています。それらの相違は、各人の私生活の問題とされていて、公的生活に持ち込まれることはありません。それは封建的な差別からの大きな解放です（性別差別廃止は後世に持ち越されましたが）。

解放を内心の自由の尊重にまで徹底することについて、彼はつぎのように書いています。

「人の公人と私人とへの分離、国家から市民社会への宗教の移動。これらは政治的解放の一段階ではなく、その完成なのである」（同前、①三九四ページ）

人が公人、すなわち公共的な諸機能を遂行する職権や義務を帯びた公的活動の場における資格と、私人、すなわち私生活の場である市民社会における資格とをきちんと分けること、そして、宗教信仰などの内心の自由は私生活の方に位置づけて、国家は関与を慎むこと、——そういうことを彼は政治的解放の完成と規定したのでした。それは、信仰者もマルクス自身のような無宗教者も、世界観や価値観が根底的に異なる多様な人々が、それぞれ内面の自由を享受しながら共存できる空間です。

立憲君主制の一般的な矛盾を止揚して民主的代議制へ

ところで、右の論文は青年ヘーゲル派のブルーノ・バウアーの著書『ユダヤ人問題』を批判したものでした。そのバウアーからの反論を受けて、マルクスは翌年、エンゲルスと共同執筆した著書『聖家族』でつぎのとおり書いています。

「〔バウアー氏による〕批判なるものがフランス国会の議事のうちに指摘した矛盾〔国教制とユダヤ教徒の信仰の自由との矛盾〕とは、その〔当時のフランスの〕立憲主義（Konstitutionalismus）の矛盾にほかならなかった。もし〔バウアー氏の〕批判がそれを一般的な矛盾としてとらえていたとしたならば、それがとらえていたのはその立憲主義《Konstitutionalismus》の一般的な矛盾だったことであろう。もし批判が……もっと先までいっていたとしたならば、すなわち、この一般的な矛盾の止揚にまで進んでいたとしたならば、批判は立憲君主制というものから民主的代議制国家というものにまで、完成した近代国家というものにまで正しく到達していたことだろう」（②二一九ページ）

「バウアー氏が『ユダヤ人問題』で展開している政治制度の諸矛盾はすべてこの種のもの、その立憲主義の矛盾、一般的にいって近代的代議制国家というものと古い特権国家というものとの間の矛盾なのである」（②二二〇ページ）。

同国ではかつて市民革命による民主的代議制国家の成立とともに、自由の平等という一般原則が謳われ、その後、紆余曲折を経て成立した立憲君主制は旧封建支配層の中軸であるブルボン正統王家（本家）を追放しておきながら、その分家のオルレアン家を王位に戴くという中途半端な体制でした。その結果、近代的代議制に伴う諸制度と封建的な古い特権とが共存して、両者の間に様々な矛盾が存在していました。例えば、制限選挙制は古い特権貴族でない市民にも参政権を一部認めるものではありましたが、それを国民全体にまでは広げていませんでした。

その種の矛盾が様々残っているなかで、諸矛盾の一つとしてユダヤ人差別も残っているというのです。孤立した単独の矛盾ではないというのです。近代的代議制国家というものと古い特権国家というものとの間の一般的な矛盾のなかで、その一部としてユダヤ人差別も残っているのだというのです。

そういう一般的な矛盾を解消するには、矛盾している両者のどちらかを排除するしかありません。すなわち、近代的代議制国家という要素の方を排除するか（反動）、それとも古い特権国家という要素の方を排除するか（進歩）、どちらか一つしかありません。ただし、反動的解決は一時的なものです。最終的ないし恒久的解決になるのは進歩的解決の方です。進歩的解決によって立憲君主制というものから民主的代議制国家というものにまで発展することを、右の引用箇所では止揚と呼んでいます。

元々、英仏両国は君主制の古い特権国家が打倒されて共和制にまで進んだことがありました。その後、君主制を復活させながら、立憲主義も再建するということで妥協が成立しました。そのように、共和制的な近代的代議制国家がいったんできた後で古い特権国家が復活して落ちついた立憲君主制には、妥協に伴う矛盾が種々残っていたというわけなので、改めて民主共和制への進歩をやりなおせばよいというのです。国民主権と普通選挙制を確立し、君主制など、古い特権国家の諸要素を廃止すれば、自由の不平等という中途半端も解消されて、諸矛盾が全般的に止揚されるというのは当然といえば当然です。それを完成した近代国家とマルクスが呼んでいるのもうなづけます。

以上のことを整理すると、つぎのようになります。

立憲君主制の一般的な矛盾＝近代的代議制国家と古い特権国家というものとの間の矛盾。

一般的な矛盾の止揚＝民主的代議制国家にまで到達。

立憲君主制の矛盾と止揚という、「法哲学批判」以来追及してきた問題が答に至ったのでした。

人権――公民権、自立的な単子としての人間の自由

『聖家族』（一八四四年）に先回りするのはここまでとし、また論文「ユダヤ人問題」（一八四三年）に戻ります。同論文で共和国における、人の公人と私人とへの分離、国家から市民社会への宗教の移動を政治的解放の完成と呼んだマルクスは、考察対象を信仰の自由からより一般的に人権ということへ広げていきます。

「ここでしばらく、いわゆる人権を、しかもそれの元来の姿での、すなわちその発見者である北アメリカ人やフランス人の下の姿での人権を考察しよう！」（同前、①四〇〇ページ）

そう書いた上で、彼は人権を公民権と狭義の人権とに分け、先に公民権についてつぎの通り書いてい

ます。

「この人権の一部は政治的な権利、すなわち他人と共同でしか行使されない権利である。共同体への参加、しかも政治的共同体つまり、国家制度への参加がその内容である。それらは政治的自由という範疇に、すなわち公民権（Staatsbürgerrecht）という範疇に属する」（同前）。

その上で、狭義の人権に関する考察に彼は進みます。

「つぎに考察しなければならないのは、人権のその他の部分、公民権（droits du citoyen）とは区別されるかぎりでの人権（droits de l'homme）である。／そのなかには信教の自由、好きな祭礼を行なう権利がみられる」（同前）

さらに、彼はフランスが民主共和制だったときに、一七九三年の憲法で謳われていた人権についてつぎのように書いています。

「自由とは、他人を害さないことなら何をしても、し続けても構わないという権利である。各人が他人を害しないで行動できる限界は、ちょうど二つの畑の境が垣根によって決められるように、法律によって規定されている。問題になっている自由は、孤立して自己に閉じこもった単子（モナド）としての人間の自由である。」「自由という人権は、人間と人間との結合に基づくものではなく、むしろ人間と人間との区分の権利である。それは、こういう区分ということの権利であり、自己に局限された個人の、限定された権利なのである。／自由という人権の実際の適用は、私的所有という人権である。……／その他にまだ、平等と安全という人権がある。／……政治的でない意味での平等とは、前述の自由の平等にほかならない。すなわち、各人が等しくそのように自立的な単子（モナド）とみなされることである。」「安全は市民社会の最高の社会的概念であり、全社会があるのはひとえにその構成員の各自に対して、その

人身、その権利およびその所有の保全を保障するためである」（以上同前、①四〇二〜三ページ）

狭義の人権に関して彼が最初に取り上げているのは、自由という人権であり、それは他人を害さないことなら何をしても、し続けても構わないという権利であるとし、それは人間と人間との区分の権利だとしています。そういう自由の平等が各人に保障され、各人が自立的な単子とみなされること、安全も各自に対して保障されることに彼は着目しています。

第三節　政治的解放の限界から人間的解放の完成へ

そのように民主共和制において人権を宣言し、封建社会から続いてきた古い残り物をすべて片づけたと仮定しても、まだ問題が残っていると彼は考えました。

「国家は、私有財産や教養や職業がそれらなりの仕方で、すなわち私有財産として、教養として、職業として作用し、それぞれの特殊な性質を発揮するのをそのままにしている」（同前、①三九二ページ）

民主共和制では、公人と私人の分離の下、人によって相違のある私有財産や教養や職業がそれらなりの仕方で、つまり私有財産なら私物として作用することも、国家はそのままにしているというのです。その場合、豊かな私有財産や教養をもち、あるいは有力な職業についているブルジョアと、そうでない貧しい人との違いはどうなるのでしょうか？　そういう問題がまだ残っているというのです。

そういう貧富の格差があり、ブルジョアジーが実質的に支配しているブルジョア社会について、彼はつぎのとおり書いています。

「人間は私人として活動し、他人を手段として扱い、自分自身も手段にまで貶めて、ほかの勢力によって弄ばれる者となっている」（同前）

「各人は他人のおかげで自分の自由の実現を享受するのではなく、むしろ他人のせいで制限を受けるようにさせられている」（同前、①四〇二ページ）

「私有財産と貨幣との支配下で得られる自然観は、自然に対する全くの軽蔑、実質的な軽視である。」「理論や学芸や歴史への、自己目的である人間への軽蔑、それが金銭人の本当に意識している立場、美徳というものなのだ」（同前、①四一一～二ページ）

「ブルジョア社会は……人間の類的絆（Gattungs bande）をすべて引き裂き、この共同の絆（Gattungs bande）を利己主義、私利的欲望におきかえ、人間世界を互いに敵対しあう分子的な（atomistischer）個々人の世界に解消する」（同前、①四二二ページ）

人間は各人それぞれの自由や幸福が自己目的として尊重されるのではなく、人は私生活において他人も自分自身も利己主義的な営利手段にまで貶める生き方をしているというのです。生まれ・身分・教養・職業の相違による公民権の差別を廃止する政治的解放が完成した後も、人々は分子的な個々人の世界のなかで互いに敵対し合い、自由の実現を享受するのではなく、むしろ他人のせいで制限を受けるようにさせられているので、本当に自由だとはまだいえないというのです。

「政治的解放ということはもちろん一大進歩であり、それは人間的解放ということ全体の最終形態だというわけではないが、それでも従来の世界秩序の内側における人間的解放の最終形態ではあるのだ。」（同前、①三九三～四ページ）

政治的解放は旧封建社会の暴力的な強制秩序を、自由な契約秩序に変えたのだから一大進歩である。

ただしそれでも、人間はいま、他人にとっての営利手段として扱われているのであって、各人がそれ自身として尊重されるように根本的に変わったわけではない。政治的解放に伴って人間的解放も進歩したとはいえ、各人を自由な尊厳ある人格として尊重するところまで至ったわけではない。だから、従来の世界秩序の内側からまだ脱出できてはいないというのです。それを彼は「政治的解放の限界」（同前）と呼びます。

類的存在＝人間的解放の完成

そのような、市民革命による政治的解放の限界をこえて、人間としての解放をさらに徹底的に推し進めることを彼は求めます。

「現実の個別的な人間が……個別的な人間のままでありながら……類的〔共同的（Gattungs）〕存在となったとき……そのときに初めて人間的解放は完成されたことになるのである」（同前、①四〇七ページ）

個別的な人間のままとは、各人が身分的抑圧のない自由と尊厳を取り戻した自立的な単子（モナド）として尊重されるというのは保持されるということです。類的（Gattungs）存在になるというのは、利己主義のせいで個々人が互いに敵対し

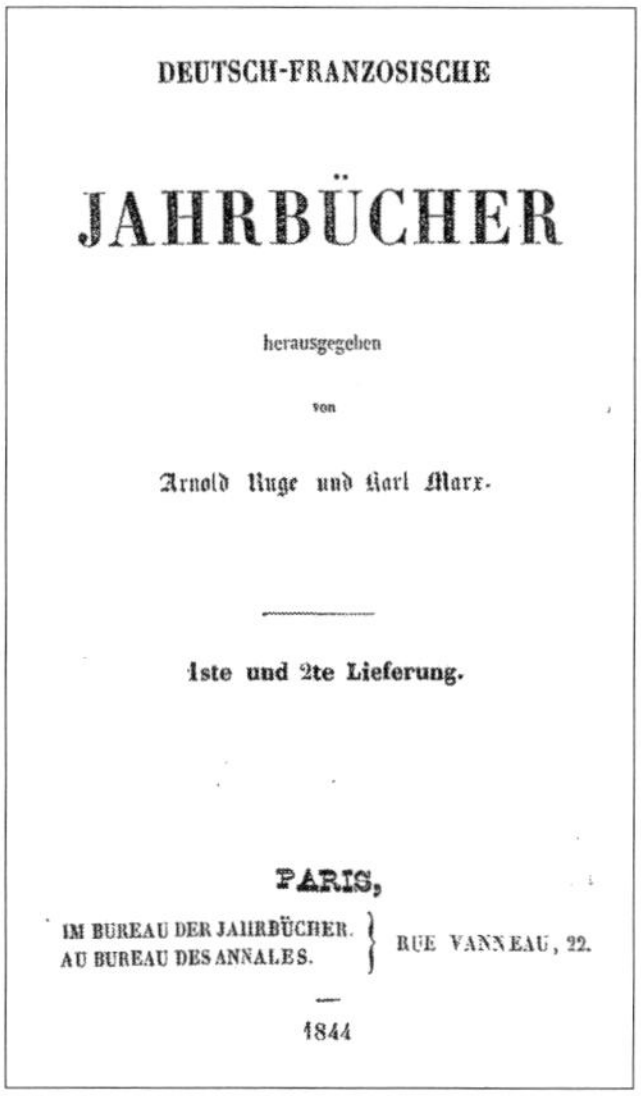

マルクスの論文「ユダヤ人問題によせて」および「ヘーゲル法哲学批判　序説」などが掲載された『独仏年誌』の表紙

合う状態を克服して共同し合う（Gattungs）存在になるということです。つまり、各人が個々人として自立しうるという積極的な要素の方は守りながら、互いに敵対し合うという消極的な要素の方は解消していくというのです。そのようにして類的存在という高度な水準へ脱皮していくこと、――それを彼は人間的解放の完成と呼んだのです。

解放の頭脳は哲学であり、それの心臓はプロレタリアートである

人間的解放を進める主体的な力に関し、彼は自分の祖国ドイツについてつぎのとおり書いています。「ドイツ人の解放は人間の解放である。この解放の頭脳は哲学であり、その心臓はプロレタリアートである」（M「ヘーゲル法哲学批判序説」、①四二八ページ）

当時、ドイツでも資本主義経済が発展し始め、プロレタリアート・賃金労働者階級があらわれてきていました。彼らは人間を営利手段として扱う資本主義的搾取を受けており、しかもそれは立憲主義も人権概念も認められていなかった当時のドイツ社会ではさらに無慈悲なものになっていました。そういう彼らこそが人間の解放を心から求め、そのための原動力になっていくというのです。政治的解放までは、それを指導する主要な勢力はブルジョア階級だったのですが、その限界を超えて人間的解放の完成をめざす事業を担うことになる主役は賃金労働者階級（プロレタリアート）だというのです。そういう人間的解放にまで導く頭脳は哲学が提供するというのです。

なお、右の「序説」で彼は「法哲学批判」本論をちかいうちに公刊することを予告したのですが、その後、著作の構想を変更して、その公刊を中止してしまいました（注）。

（注）M「一八四四年の経済学・哲学草稿」、㊵三八七ページ、参照。

国家そのものの止揚論へ

政治的解放の限界を超えて人間的解放の完成をめざすという問題意識に関して、彼の哲学にもう一つの発展がありました。右の「序説」からしばらく後、彼はつぎのことを問題にしました。

古代奴隷制以来、社会は奴隷主か奴隷か、封建領主か農奴か、資本家か賃金労働者かなどというように階級的に分裂しており、奴隷や農奴や賃金労働者が働いて作った富の内で彼ら自身の生活に必要な分を上まわる超過分を奴隷主や封建領主や資本家が取り上げる状態が続いてきたというのです。そのように経済活動の場で実際に働く奴隷や農奴や労働者から奴隷主や封建領主や資本家が吸い上げる利益――自分自身が働いて作り出す利益ではなく、他人に働かせて搾り取る特殊な利益――を経済的な基礎にして国家を形成し、国家運営費用をまかない、国家が公共的な利益を守るという名目の下で、現実には経済的支配下の人々の反抗を力づくで抑えこみ、彼らから特殊な利益を搾取する仕組みを維持してきたのであって、そういう国家の本質は民主共和制になっている資本主義国でも続いているのだ、と考えるようになったのです。

そういう見地に立って、彼はつぎの通り書きました。

「国家というものが基づいているのは公生活と私生活との間の矛盾の上、公共的な利益と特殊な利益との間の矛盾の上なのである。」「ブルジョア社会のこの分裂性、この破廉恥、この奴隷状態こそ、現代国家を支えている自然的基礎なのだ」

「一方における行政の使命および善意と、他方における行政の手段および能力との間の矛盾を国家が止揚することは、国家そのものが止揚されることなしにはできない」（以上、「批判的論評」①四三八ページ）

そのように奴隷状態の人々の反抗を抑えて、社会の階級分裂を力づくで維持してきたのが国家なのであり、それは現代国家も同じなのだから、豊かな私有財産や教養をもたず、有利な職業にもつけずに貧窮している人がいるからといって、そういう人々の階級的貧困を国家が善意から救済する、などということはありえないというのです。困窮している人々を救済できる手段および能力を国家はもっているにもかかわらず、階級分裂の維持という使命をもつ国家は、被抑圧下の困窮者を援助する善意をもっていない、――そういう矛盾があるというのです。矛盾を解消するためには、国家そのものが支配階級の特殊な利益を守るものから、真に公共的な利益に奉仕するものに止揚されることが必要だというのです。

論文「法哲学批判」では立憲君主制の矛盾と止揚という問題をテーマにしていたのですが、この段階では、矛盾と止揚という問題意識の対象が、立憲君主制という特定の国家形態でなく、国家そのものにまで拡張されたのです。この壮大なテーマについては、社会主義的な未来社会論を扱う最終篇で改めて取り上げることにします。

人間的自己疎外からの両階級の解放を

人間的解放の完成という課題の担い手はプロレタリアートだとマルクスは書いていましたが、そのことにかかわって、彼はつぎの問題も提起しています。

「財産のある階級（Die besitzende Klasse）〔有産階級。地主と資本家〕とプロレタリアートの階級があらわしているのは、人間的自己疎外という同一のものなのである。ただし一つ目の階級は、この自己疎外のなかで幸せと確かな安心を感じており、この疎外を彼自身の力であるように思っており、またこの疎外のなかで人間的生存という外見をもっている。二つ目の方はこの疎外のなかで、自分は無になったと感じ、疎外のなかで彼の無力と非人間的生存という現実を目のあたりにしている。」「前者からはそ

の対立を維持する行動が、後者からはこれを絶滅する行動がでてくる」（『聖家族』、②三三ページ）

財産のある階級からでてくる行動は、階級対立を維持するものになり、プロレタリアートからは絶滅するものになるというように、両者からでてくる行動が目指す方向は正反対だけれども、両階級が現しているのは、人間的自己疎外という同一のものの裏表なのだというのです。

今日、個人全体の自由な発展は不可能にされる

一八四五年二月、マルクスはプロイセンの差し金のせいでフランスから追放され、ベルギー王国に移り住みました。同年夏、マルクスとエンゲルスはイギリスに滞在して、図書館で経済学書を研究しました。当時、ブルジョア社会の分裂性、破廉恥、奴隷状態が最も典型的にあらわれていたのは資本主義の先進国イギリスであり、資本主義経済を研究する経済学もまた同国において進んでいたからです。同国では、資本主義経済の発展にともなって賃金労働者階級も成長していました。彼らは普通選挙権・毎年の議会選挙・秘密投票・選挙区の平等・候補者財産資格廃止・議員俸給実現を謳う人民憲章（チャーター）の実現を求めるチャーティスト運動にも熱心に取り組んでいました。そのチャーティスト達とも二人は交流しました。

その秋、二人は論文「ドイツ・イデオロギー」を共同執筆しました。そこには次の言葉が残っています。「今日の世界のあらゆる個人において……個人（Individuums）全体の自由な発展が不可能にされる」（③二六一ページ）

営利の手段として長時間酷使される賃金労働者は、スポーツや学習などに充てる自由な時間を奪われます。そのせいで、潜在的にもっている可能性が全面的に発展することが制限されます。個人全体の自

由な発展が不可能にされるのです。他方、財産のある階級も、自然や人を営利手段として扱う利己主義や拝金主義などという人間的自己疎外の風潮に縛られているので、真に自由な人間的発展を遂げることは不可能にされます。そのように、個人全体の自由な発展が不可能にされるというのは、絶対君主制の国だけでなく、封建支配を廃止した後の国なども含め、今日の世界のあらゆる個人においてそうなのだ、というのです。

共産主義社会、すなわち、諸個人の独自な自由な発展が決して空文句でない唯一の社会

そういう個人全体の自由な発展が不可能にされる現状と対比される社会について、同論文にはつぎのように書いてあります。

「**共産主義社会、すなわち、諸個人（Individuen）の独自な（originelle）自由な発展ということが決して空文句でない唯一の社会**の内部では、そういう発展はまさに諸個人のつながりということを通して生まれるのであり、そのつながりとは、一部は経済的な諸前提のうちに、また一部はすべての人の自由な発展ということが必然的にもつ連帯のうちに、そして最後に、その時代にある生産諸力を基礎とする諸個人の多面的な活動の仕方のうちに存在するような、そういう類のつながりなのである」（③四七五〜六ページ。太字強調は引用者による——以下同様）

人間的解放の完成ということの最大のポイントを、諸個人の独自な自由な発展が実質的に可能になることに二人は置きました。しかもそれは人間的自己疎外と正反対の人間的連帯によって可能になるというのです。まさにそれこそが二人の抱いた「共産主義」の初心・核心的理念でした。

法の支配ということについて

同論文では、「法の支配」（③三二二ページ）についても言及しています。そこで二人は、奴隷主と奴隷、領主と農奴、資本家と賃金労働者など、人々が生産において取り結ぶ生産関係の下で「支配している諸個人」が彼らの意志に「国家意志、法律としての一般的な表現を与え」てきたとし、そういう真相をみないで、「あいつぐ諸法の支配の歴史へとイデオロギー的に解消する」ことを「幻想」と呼んでいます(注)。つまり、法そのものが支配したのではなくて、それぞれの生産関係の下で、奴隷主、領主、資本家などが支配したのであり、そういう支配階級の諸個人が自分達の意志に国家意志としての一般的な表現を与えたのが法律とされたというのです。では、階級支配が絶滅された後の未来社会では、法律はなくなってしまうのでしょうか？　この問題も、最終篇で改めて考えたいと思います。

（注）「」内は③三四七～八ページ。

民主共和制と、その変革に関してマルクスが残していたメモ

ところで、当時マルクスが使っていたノートに、つぎのメモが残されています。

> （一）近代国家の成立史すなわちフランス革命。
> 　政治制度の自己解放——古代国家との混同
> 市民社会に対する革命家達の関係。
> 市民的制度と政治国家制度への、すべての要素の二重化。

（二）人権宣言と国家憲法。個人の自由と公的権力。
自由、平等、そして統一。人民主権。
（三）国家と市民社会。
（四）代議制国家と憲章。
立憲（Der konstitutionelle）代議制国家、それは民主的（demokratische）代議制国家。
（五）権力分立。立法権と執行権。
（六）立法権と立法機関。諸政治クラブ。
（七）執行権。集権化と位階制。集権と政治文明。連邦制度と産業主義。国家行政と自治体行政。
（八ノ一）司法権と法。
（八ノ二）国籍と人民。
（九ノ一）諸政党。
（九ノ二）選挙権。国家とブルジョア社会の止揚のためのたたかい（③五九六ページ）

右のメモには、「（一）近代国家の成立史すなわちフランス革命」についで、「（二）人権宣言と国家憲法。個人の自由と公的権力」という、立憲主義のいわば核心部分が書かれています。そして、権力分立としては、立法権、執行権、司法権の三権が列挙されています。代議制や選挙権などの項目もあります。どれも立憲主義の重要な契機です。

フランス革命で成立した近代国家で、このメモより以前の時期において人民主権や民主的代議制国家ということが該当するのは第一共和制だけです。ですから右のメモは、フランス第一共和制をまず念頭においたものと考えられます。

そのメモの第四項には、つぎの記載があります。

「(四) 代議制国家と憲章。立憲代議制国家、それは民主的代議制国家」

フランス大革命はまず絶対君主制を立憲君主制に変えました。つまり、君主制を残したままで絶対主義を立憲主義に変えました。その後で、立憲主義は継続しながら、君主制の方を廃止して共和制に進みました。すなわち、立憲代議制国家が先に実現しており、その立憲代議制ということは続いたままで君主制から共和制へ進み、一七九三年憲法で普通選挙制を定めて民主共和制になりました。このように、民主的代議制の民主共和制(第一共和制)は、いわば生まれる前から立憲代議制つまり立憲主義だったのです。要するに、先に立憲主義の方が成立し、その立憲主義を引き継ぎながら、さらに国民主権も宣言されて民主共和制になったのです。

そういう第一共和制に関する右のメモでは、冒頭の第(一)項につぎの言葉が見えます。

「(一) ……市民的制度と政治国家制度への、すべての要素の二重化」

民主共和制においては、具体的な生身の個人としては同一の人物が、市民的制度のなかの私生活では私人という資格で行動し、政治国家制度のなかの公的活動においては公人という資格で行動するというように、各人の振る舞いが二重化します。そして、政治国家制度のなかの公人は、私人の私生活、例えば信仰生活には干渉しません。そういう公人と私人とへの分離をマルクスは政治的解放の完成と呼んでいました。ですから、市民的制度と政治国家制度への二重化は、私生活の自由が確立されていなかった封建社会と比べて一大進歩でした。

その上で、政治的解放の限界を超えてさらに人間的解放の完成へ進むための行動はプロレタリアートからでてくるとも彼は書いていました（『聖家族』）。また彼は、国家そのものが止揚されなければならないという問題意識にまで辿り着いていました（「批判的論評」）。

ところが、今回の右のメモでは、末尾でつぎのように提起しています。

「（九ノ二）選挙権。国家とブルジョア社会の止揚のためのたたかい」

国家の止揚だけでなく、さらにブルジョア社会の止揚という課題も加えられているのです。ブルジョア社会の分裂性、破廉恥、奴隷状態こそ、現代国家を支えている自然的基礎である以上、国家そのものを止揚するためには、その自然的基礎である、階級分裂したブルジョア社会そのものも止揚しなければならないというわけです。以前の市民革命においては、市民的制度——市民社会と政治的国家制度——国家への二重化は、封建的抑圧から各個人の政治的解放を促進し、私生活の自由を確立するという一大進歩をもたらしました。そのように二重化した国家と市民社会・ブルジョア社会とをさらに止揚していくことが次の課題になるというのです。

そういう極めて遠大な問題意識にまで彼の哲学的思索は進んだのですが、同時に、右のメモでは、そういう「止揚のためのたたかい」の前に、「選挙権」という言葉があります。

民主制をたたかいとることは、労働者革命における第一歩

その選挙権ということでは、当時は女性の普通選挙権は実現しておらず、男子普通選挙権になっている国も、アメリカ合衆国など、ごく少数でした。立憲君主制諸国では、財産や納税額に基づく制限選挙制が一般的でした。典型的な立憲君主制国であるイギリスでは、有権者が全人口に占める割合は五％以

下でした。議会下院は、地主と資本家の代表が議席を占めていました。

ところが、その英国議会でそれまで輸入小麦に高関税を課して国産小麦の価格を高く維持し、地代も高く釣り上げるように作用してきた穀物法の廃止が決まりました（一八四六年六月）。それは、地代を収入源とする地主階級の利益に反する事態でした。地主階級の支配力が合法的手段によって、合憲的形態を通じて後退したのです。

また、その直後の選挙で、普通選挙権実現などを求めるチャーティストの指導者が下院議員に当選しました（同年七月）。労働者階級の政治参加が一歩前進したのです。当選者にマルクス達は、ブリュッセル在住ドイツ人の民主的共産主義者を代表する委員として祝辞を送り、そこでつぎのように書きました。「『人民憲章を基礎にした憲法（the Constitution）の民主的改造』、それによって労働者階級はイギリスの支配階級になるでしょう」（④二四ページ）

憲法に基づく立憲主義は保持し充実しながら、その憲法に普通選挙権実現などの民主的な改造を加えれば、労働者階級は選挙を通じて下院で多数議席を獲得し、支配階級になれるでしょうというのです。

さらに、女性と年少者の労働を一日一〇時間以内に制限する工場法改定も実現しました（一八四七年）。賃金労働者階級の要求が合法的・合憲的に実現したのです。どれも粘り強い共同したたたかいがなければ手の届かないものばかりでした。それらの一つひとつの成果はつつましいものに見えるかもしれませんが、民主的改造がじわりと漸進したのでした。

憲法のそのような民主的改造や民主主義の実現が共産主義に進むための第一前提となることを、エンゲルスはつぎの通り強調しました。

「共産主義者はさしあたり、すべての実際的な党的問題において、むしろ民主主義者として行動しさえするのである。」「民主制がまだ獲得されていないのに応じて、共産主義者と民主主義者とは共同してたたかうのであり、民主主義者の利害は同時に共産主義者の利害なのである」（「共産主義者とカール・ハインツェン」。一八四七年。④三三三ページ）

この頃、ヨーロッパ各国に資本主義の経済恐慌が発生し、しかも農業凶作と重なったせいで、失業した多くの賃金労働者が困窮しました。そういう情勢のなか、二人は共産主義者同盟の委任に基づいて『共産党宣言』を執筆し、そこでもつぎのとおり書きました。

「労働者革命における第一歩とは、プロレタリアートを支配階級に高めること、民主制（Demokratie）をたたかいとることである」（選書八四ページ。④四九四ページ）

各個人の自由な発展が、すべての人の自由な発展のための条件である連合体（『共産党宣言』）

その労働者革命が第一歩よりもっと先に目指す未来の共産主義社会について、二人は『共産党宣言』ではつぎのように書きました。

「この古いブルジョア社会はその諸階級や階級対立とともに一つの**連合体**（assoziation）へ交代するのであり、そこでは**各個人の自由な発展ということがすべての人の自由な発展のための条件なのである**」（選書八六ページ。④四九六ページ）

この有名な一節で、彼らは「すべての人の（aller）自由」とだけいうような単純な書き方をしていません。各個人の（eines jeden）自由な発展が、すべての人の自由な発展のための条件であるという、もって回った書き方をしています。論文「ユダヤ人問題」にある表現でいえば、各人が自立的な単子（モナド）とみなされるような、そういう各個人の自由が条件であることを念押ししています（注）。しかも、各個人の自由な発展とまで書き込んでいます。各人が個人として尊重され、自由な発展、自由な生き方が各個人に対して尊重されることを念押ししているのです。その上で、自由な発展権が一部の人々だけでなく、すべての人に尊重されることを根本理念に掲げています。共産主義社会とは、そういう理念を根本にもつ連合体だというのです。連合体（assoziation）とは、各人が自立的な単子（モナド）として尊重されながら、同時に互いに敵対しあう分子（アトム）的な状況を克服して自発的に提携し（assoziiren）合う集団です。連合体は、国家と市民社会の止揚の後に登場する社会であり、その段階に至ってようやく人間的解放は完成するというのです。

まず民主制をたたかいとり、選挙権を活用して国家とブルジョア社会の止揚のためのたたかいを進め、人間的解放の完成に、真の自由の国に辿り着くというのです。実に遠大な展望を彼らは青年期に打ち立てたのでした。

『共産党宣言』

（注）各個人の自由がすべての人の自由の条件という考え方は、日本国憲法にひきつけていえば、「すべて国民は、個人として尊重される」（第一三条）という見地につながるものかもしれません。

二人は絶対君主制プロイセン王国の支配下で生まれ、人間尊重と自由を渇望し、立憲主義の実現を望みながら成人しました。

エンゲルスは青年期にイギリスに滞在し、その立憲主義を祖国向けの著述で紹介しました。その際、清教徒革命で実現した共和制が軍事専制に陥ってしまった歴史的教訓に言及し、イギリスでは立憲君主制確立以後、すべての変革が合法的手段によって、合憲的形態によって行なわれてきたことに注目していました。

マルクスはユダヤ人弁護士の父の下で育ち、ベルリン大学法学部卒業後、検閲廃止論を書き、また自由主義的な『ライン新聞』で健筆をふるいました。並行して、ヘーゲル著『法の哲学綱要』を批判する論文「法哲学批判」を執筆しました。そこで、体制が進歩してきた歴史過程を跡づけ、統治権力が主体的な勝手気ままによって人民の合同意思に背き、後ろ向きの諸革命に走った歴史的教訓に着目していました。また、君主が身分代表議会を尊重しているかのように装うことで、君主権の勝手気ままな性格が外見に現れないようにする可能性にも留意していました。

『ライン新聞』発禁などでドイツの封建的抑圧を身をもって体験したマルクスは、市民的自由を実現したフランス革命史を研究し、同国に旅行しました。そして、同地で少数者であるユダヤ人の被っている不自由などを人権という角度から考察しました。立憲君主制における近代的代議制国家というものと古い特権国家というものとの間の矛盾が止揚されて、公人と私人とが区別され、信仰の自由などの人権が保障される民主的代議制国家を、完成した近代国家と呼びました。

チャーティストの集会（1848年、ロンドン）

ただし、封建的抑圧からの政治的解放の後にも資本主義的な階級矛盾が残るので、さらに国家とブルジョア社会を止揚することによって、各個人の自由な発展が可能な人間的解放の最終形態に前進することを二人は求め、それを共産主義と呼びました。

そして、資本主義が比較的発達していた立憲君主制のベルギー王国に滞在し、イギリスにも旅行して、資本主義批判を強めていきました。その頃、立憲君主制のイギリスでは穀物法の存続を求める地主階級の意志に抗して同法が廃止され、普通選挙権などを求めるチャーティストの指導者が議会下院に当選しました。また、工場法が改定されて女性や年少者の労働時間を一日一〇時間以内に制限することが実現するなど、社会の変化が合法的・合憲的に漸進していました。

経済恐慌の最中、二人は『共産党宣言』を執筆し、民主制をたたかいとることを労働者革命の第一歩と規定し、また、共産主義社会について、各個人の自由な発展ということがすべての人の自由な発展のための条件となる連合体と規定しました。

第二篇

一八四八～四九年の市民革命期
——民主制と立憲主義実現のために奮闘

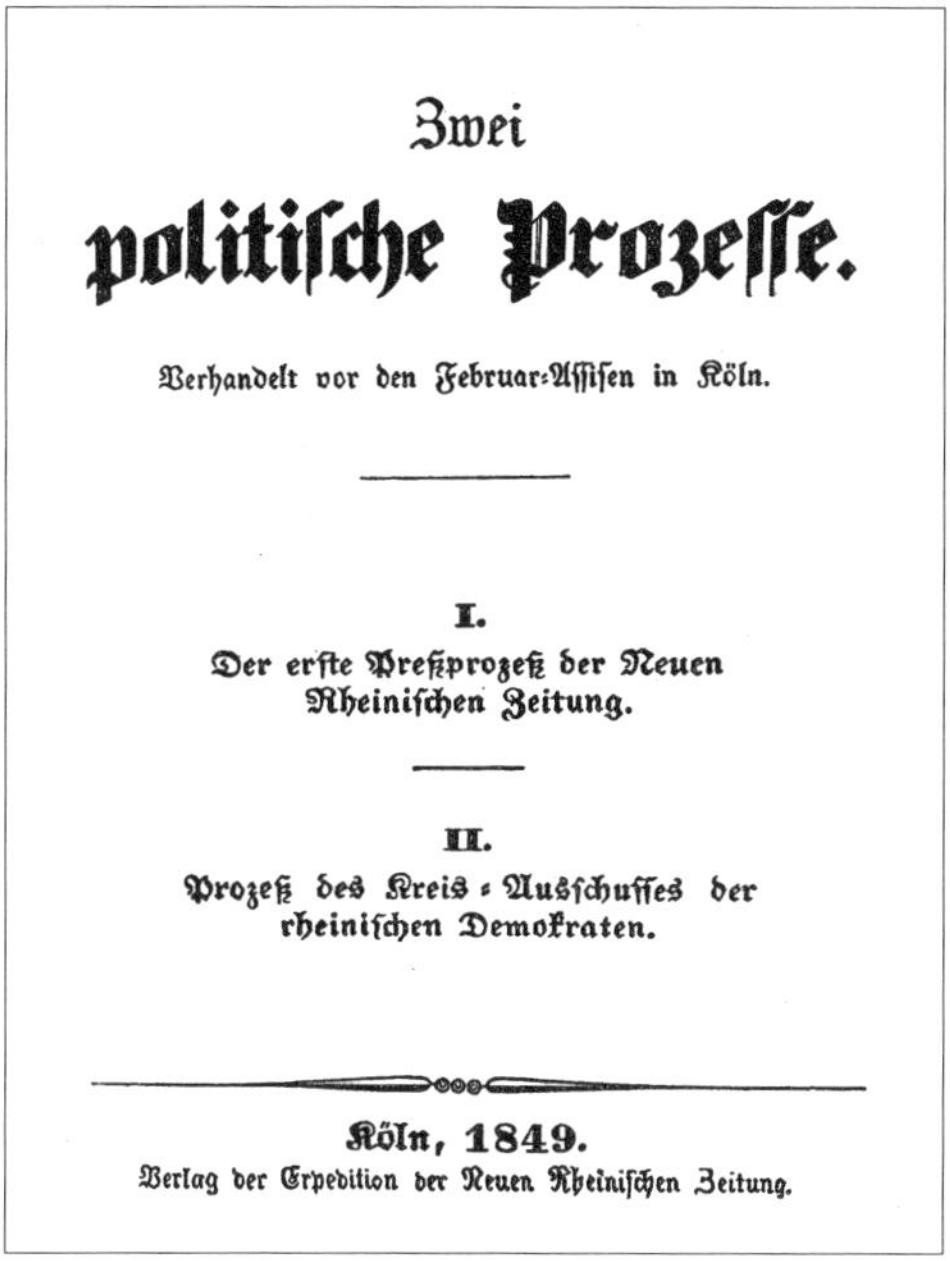

Zwei

politische Prozesse.

Verhandelt vor den Februar-Assisen in Köln.

I.

Der erste Preßprozeß der Neuen Rheinischen Zeitung.

II.

Prozeß des Kreis-Ausschusses der rheinischen Demokraten.

Köln, 1849.

Verlag der Expedition der Neuen Rheinischen Zeitung.

２人の法廷陳述を掲載したパンフレット。
「2つの政治訴訟、ケルン２月陪審裁判における審理。
Ⅰ．新ライン新聞の第１回出版訴訟
Ⅱ．民主党ライン地方委員会の訴訟」
ケルン、1849年

（第二篇の概要）

『共産党宣言』発表直後、ヨーロッパ大陸で市民革命が起こりました。二人はドイツに帰国して民主党に加わり、民主制と立憲主義を実現するために政治・報道・裁判などで奮闘しました。マルクスの法廷弁論など、この時期の二人の発言には、彼らの立憲主義観が集中的に凝縮しています。

第四章　ドイツ三月革命
――真の立憲主義か外見的立憲主義か

そのころ、一八四七年から四八年にかけて経済恐慌が発生し、人々の暮らしが困難になり、ヨーロッパ大陸各地で市民革命が起きました。本章では、その時期の二人の言動をドイツ地域を中心に追跡します。

第一節　近代的な市民社会をたたかいとることがようやくドイツで問題となった

『共産党宣言』において、労働者革命の第一歩は民主制をたたかいとることだと規定した二人は、当時のドイツが当面していた歴史的な課題についてはつぎのように書いていました。

「フランス人の批判は……近代的な市民社会を、それに照応する物質的諸条件や適合する政治制度(Konstitution)とともに前提としているのだが、まさにそれらの諸前提を獲得することがようやくドイツで問題となったのである」(選書九六ページ。④五〇〇ページ)

当時、フランスは大革命から六〇年近く経過して旧封建時代からの残りものがかなり減り、代わって近代的な市民社会・ブルジョア社会、すなわち資本主義社会が成熟し、それに適合する政治制度、立憲主義――ただし立憲君主制――の憲法なども存在していました。そういう資本主義社会がすでに実現

フランス２月革命。中央で演説しているのはラマルティーヌ（1790～1869）臨時政府首班（奴隷制と死刑廃止に尽力）。

している下で、それを批判する社会主義もフランス人の間では広まっていました。しかし、ドイツでは近代的な市民社会そのものがまだ実現していないので、それに照応する物質的諸条件や適合する政治制度を獲得することがようやく問題になったばかりなのだというのです。

一八四八～四九年市民革命の発生

そういう歴史的情勢の下、一八四八年一月に『共産党宣言』の原稿が印刷に送られた翌月、ヨーロッパ大陸各地で市民革命が起こりました。

「三つの絶対王国が立憲国家に変わっている。すなわち、デンマークとナポリとサルデーニャ」（E「三つの新しい憲法」④五二九ページ）

サルデーニャは現在のイタリアが諸国家に分裂していた当時、トリノ市周辺で栄えた国です。立憲君主制のフランスでも市民革命が起こりました。国民が普通選挙権を要求したのに対して、国王が武力で弾圧し、それに人々が怒ったのです。その結果、国王が国外逃亡して民主共和制になったのでした（第二共和制）。

このとき、フランスで亡命生活を送っていたベルギー人の共和主義者が帰国し始めました。彼らが乗った列車はベルギー政府のスパイの手引きによって軍隊が待ち構える森に連れ込まれ、一斉射撃を受けました。さらに政府は、国内各地の民主主義運動指導者を逮捕し、翌年、裁判にかけました。

「ベルギー、この立憲主義《Constitutionalism》の模範国家は、二月の衝撃に抵抗した最初の国であり、戒厳を宣言して、愛国者達に死刑判決を宣告した最初の国であった」（E「ドイツからの手紙　シュレースヴィヒ―ホルシュタインの戦闘」補巻③五一ページ）

死刑判決を受けたのは、マルクスが同国在住時に協力した各地の民主主義運動指導者でした。立憲主義ではあっても、君主制から民主制への転換を志す人々に対し、革命的激動期においては同国政府は極めて厳しい弾圧を加えたのでした。死刑判決を受けた三人の指導者は、ただし、数年後に釈放されました。

第二節　人民主権か外見的立憲主義か――プロイセン国王がクーデタ

革命はドイツ地域にも波及しました。プロイセン国王は、憲法制定と検閲廃止を求める国民の圧力を受けて、その受け入れを約束しました。それに感謝して人々が王宮前広場に集まったところ、国王軍が発砲しました（三月一八日）。それを受けて市民が武器をとって市街戦になりました。ドイツ三月革命が始まったのです。翌日、国王は軍隊を市外へ撤退させ、王弟は国外亡命しました。情勢は革命の勝利にみえました。

ただしそこには一つの問題がありました。

ベルリンの３月革命。中央は、共和主義者の三色旗（現代のドイツ国旗の元）。

「そのころ、ドイツには独立の共和党は存在していなかった。人々は立憲君主主義者であるか、それとも、多少とも明確な社会主義者ないし共産主義者であるか、どちらかであった。」（E『革命』、⑧二三ページ）

単一不可分の共和国実現を求めた「ドイツにおける共産党の要求」

共産主義者マルクスとエンゲルスはパリでドイツ帰国の準備をしながら、「ドイツにおける共産党の要求」を発表しました。そこに列挙されていたのは、全ドイツを単一不可分の共和国にすること、二一歳以上の各ドイツ人（男女）は選挙人であり被選挙資格があること（普通選挙権）、あらゆる封建的負担の廃止、国家と教会の完全な分離、無料の普通国民教育実現など、どれも民主主義的な要求でした（⑤三～四ページ）。

王権との協定路線に立った銀行家のカンプハウゼン首相

同月下旬、プロイセン国王はかつて『ライン新聞』に出資していたあの銀行家カンプハウゼンを首相に任命

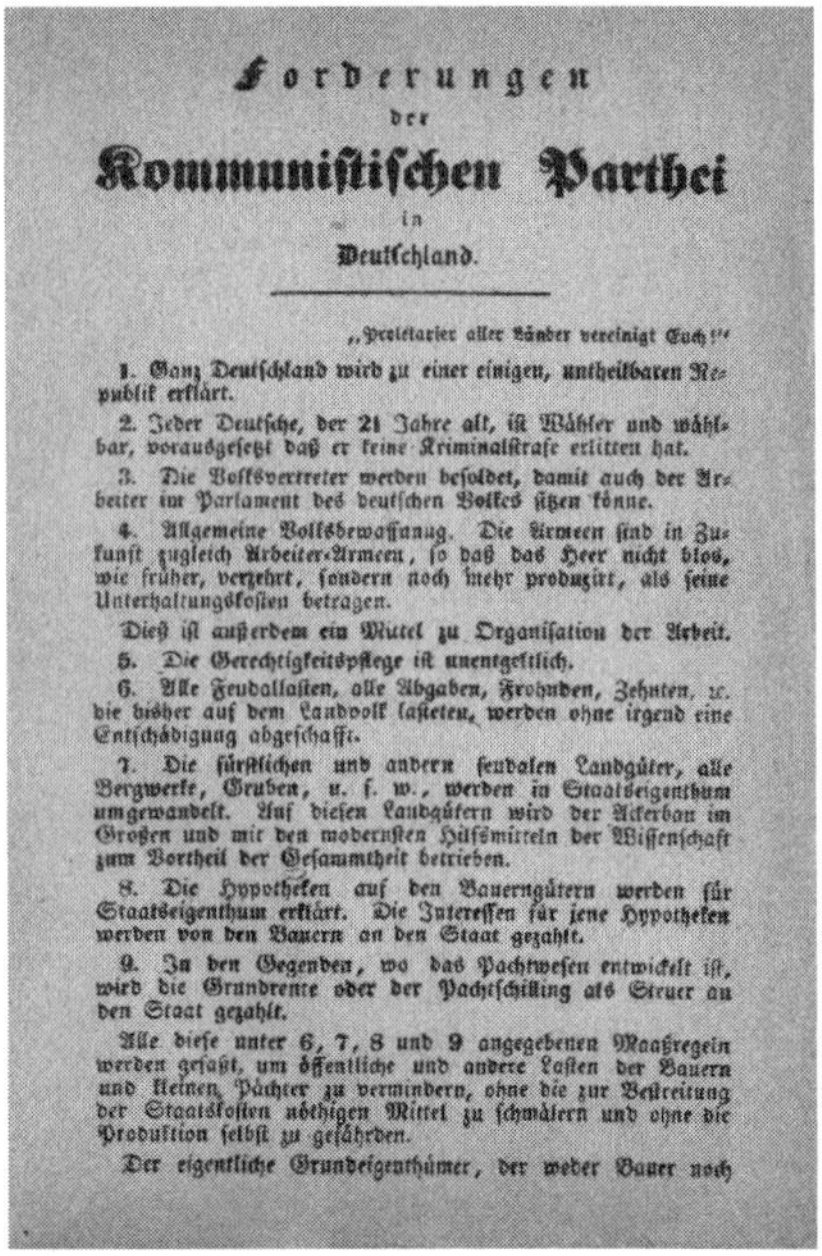

Forderungen
der
Kommunistischen Parthei
in
Deutschland.

„Proletarier aller Länder vereinigt Euch!"

1. Ganz Deutschland wird zu einer einigen, untheilbaren Republik erklärt.

2. Jeder Deutsche, der 21 Jahre alt, ist Wähler und wählbar, vorausgesetzt daß er keine Kriminalstrafe erlitten hat.

3. Die Volksvertreter werden besoldet, damit auch der Arbeiter im Parlament des deutschen Volkes sitzen könne.

4. Allgemeine Volksbewaffnung. Die Armeen sind in Zukunft zugleich Arbeiter-Armeen, so daß das Heer nicht blos, wie früher, verzehrt, sondern noch mehr produzirt, als seine Unterhaltungskosten betragen.

Dieß ist außerdem ein Mittel zu Organisation der Arbeit.

5. Die Gerechtigkeitspflege ist unentgeltlich.

6. Alle Feudallasten, alle Abgaben, Frohnden, Zehnten, ꝛc. die bisher auf dem Landvolk lasteten, werden ohne irgend eine Entschädigung abgeschafft.

7. Die fürstlichen und andern feudalen Landgüter, alle Bergwerke, Gruben, u. s. w., werden in Staatseigenthum umgewandelt. Auf diesen Landgütern wird der Ackerbau im Großen und mit den modernsten Hülfsmitteln der Wissenschaft zum Vortheil der Gesammtheit betrieben.

8. Die Hypotheken auf den Bauerngütern werden für Staatseigenthum erklärt. Die Interessen für jene Hypotheken werden von den Bauern an den Staat gezahlt.

9. In den Gegenden, wo das Pachtwesen entwickelt ist, wird die Grundrente oder der Pachtschilling als Steuer an den Staat gezahlt.

Alle diese unter 6, 7, 8 und 9 angegebenen Maaßregeln werden gefaßt, um öffentliche und andere Lasten der Bauern und kleinen Pächter zu vermindern, ohne die zur Bestreitung der Staatskosten nöthigen Mittel zu schmälern und ohne die Produktion selbst zu gefährden.

Der eigentliche Grundeigenthümer, der weder Bauer noch

リーフレット
「ドイツにおける共産党の要求」
1．全ドイツは単一不可分の共和国であると宣言される
2．21歳以上の各ドイツ人は選挙人であり被選挙資格がある……、などと謳われている

しました。貴族でない平民宰相の誕生でした。新内閣が初閣議で決めた基本方針はつぎのとおりでした。「内閣が初会合で即座に考え方が一致したのは、つぎのことが内閣存立の問題だということだったのであります。すなわち、当時召集が呼びかけられていた〔旧来の身分代表〕連合州議会を、その廃止を求める反対請願を押し切って現実に参集させるということだったのであり、既存の体制（Verfassung）から出発し、それが提供している法的な手段を使って新しい体制に移行させるということ、古いものと新しいものとを結びつける絆を断ち切らないということだったのであります」（カンプハウゼン報告、出典、⑤二四ページ）

そう考えた内閣は、既存の封建身分制の連合州議会を招集して、同議会に「プロイセン国家体制（Staats-Verfassung）協定のために召集されるべき議会のための選挙法」（二段階間接選挙方式）を提出し、それを同議会も採択しました。同法は新議会の役割をつぎのとおり定めていました。「王権との協定によって将来の国家体制を確定」する（第一三条）（出典、⑥九七ページ）。

国王が任命した内閣、旧来の身分代表連合州議会が採択した選挙法、王権との協定――どれをとっても既存の体制が提供している法的な手段から外れる点はありませんでした。

フランクフルトとベルリンの国民議会で憲法討論開始

やがて、ドイツ全体の憲法を立案する憲法制定ドイツ国民議会がフランクフルトで開会されました（五月一八日）。

プロイセンの新国家体制を立案するプロイセン国民議会もベルリンで開会されました（五月二二日）。

そういう情勢のプロイセンに二人は帰国し、『新ライン新聞――民主制の機関紙』を発行し始めました（第一号、一八四八年六月一日付）。また、二人はドイツ民主党に参加しました。民主主義者として行動したのです。

そのころ、反動派の頭目とみられていた王弟がベルリンに帰還し、それを機に議会内外の対立が先鋭化して、カンプハウゼン内閣は辞職を表明しました（六月二〇日）。

「プロイセンは、その東部諸州から自己の威信を回復するであろう」（ドイツ新聞）

その直後、右派の『ドイツ新聞』はつぎのとおり書きました（六月二二日）。

「プロイセンは、その東部諸州から自己の威信を回復するであろうし、その際、おそらくはライン州を一時失うことをさえ恐れないであろう」（出典、⑤九九ページ）

プロイセン王国はドイツ北東部のベルリンを根拠地としており、東部には封建的・軍国主義的な伝統が根強く残っていました。他方、北西部のライン州は資本主義が比較的早くから発展していて、ナポレオン敗北を機にプロイセン領に新しく組み込まれた地域でした。だから、プロイセン王国はライン州を一時棚上げしてでも、まず本来の根拠地である東部で専制体制を立て直すことに力を集中するだろうと、右の記事は予告したのです。

それに対して『新ライン新聞』はつぎのように書きました。

「プロイセンが『ライン州を一時失うことを恐れ』ないとすれば、ライン州はプロイセンの支配を『永久的に』失うことをなおさら恐れない。……西の東に対する、文明の未開に対する、共和制の専制に対する戦争を遂行するであろう。／……専制か共和制か、――というように事件のスローガンが打ちだされると、あの立憲主義《Konstitutionalismus》ということはまあひとりでに消えるのである」（六月二五日付、⑤一〇一ページ）

当時のドイツで政治家や新聞が立憲主義という言葉を使う場合、そのほとんどは君主制の継続を前提とした上での立憲主義の導入を意味していました。つまり、絶対君主制から立憲君主制への移行を意味していました。

そういう状況で東の専制勢力がライン州の再支配に乗りだせば、西のライン州などでは専制への屈服か撃退か、どちらか一つしか選択肢は残りません。国王専制が復活するならば代議制議会は無力になり、共和制が実現するならば、君主制は廃止されることになります。そういう二者択一的な情勢が専制か共和制かというスローガンによって明確化されるなら、立憲君主制という妥協形態――専制でなしに代議制議会が実権を握り、しかも共和制でなしに古い特権国家の王位を残すという妥協形態――をはかろうとする路線は二者択一の狭間で存在の場がなくなります。そうなると、君主制の継続を前提とした立憲主義導入という方向は、ひとりでに消えていくだろうというのです。

立憲君主制の速やかな確立を公約した内閣の最初の行動は民主主義者の逮捕だった

そういう情勢下で、つぎの内閣をリードすることになった大資本家ハンゼマンは、「立憲君主制の速やかな確立」を公約し、「行動内閣」と称しました(注)。

(注)「」内は『新ライン新聞』七月四日付、⑤一五三ページ。

新内閣の最初の行動は、各地の民主主義者の逮捕でした。それを『新ライン新聞』は直ちに報道しました。

「それ〔民主主義者の逮捕〕がつまり行動内閣なるものの行動というもの、中央左派内閣の旧貴族的・旧官僚的・旧プロイセン的内閣への橋渡し内閣の行動というものなのである。ハンゼマン氏は彼が過渡的な使命を果たししだい、罷免されるだろう」(同前七月五日付、⑤一六一ページ)

民主主義者の逮捕は、市民革命の勢いを削ぐ行動であり、それを通じて旧体制の威信回復という橋渡しがすめば、ハンゼマン氏は罷免されて、旧貴族的な内閣が再起用されるだろうというのです。

「しかし、ベルリンの左派は見抜かなければならない。すなわち、旧権力は議院における小さな勝利も大きな憲法(Konstitutions)草案も安心して左派に委ねることができるのであって、彼らはその陰で現実に決定的な部署のすべてを掌握できさえすればそれでよいのである。旧権力は、三月一九日の革命を議院のなかでは安心して承認することができるのであって、それが議院の外で武装解除されさえすればよいのである。／左派がある美しい朝に気づくかもしれないのは、彼らの議院における勝利と現実の敗北とが一緒にやってくるという事態なのである」(同前)

中央左派は議院のなかで立憲君主制の憲法草案成立を目指し、議院の外で民主主義者を逮捕して革命を武装解除しているけれども、その陰で旧権力は現実に決定的な部署のすべてを掌握しなおした上で反撃してくるだろうと警告したのです。右の記事に関して、翌日、マルクスは予審判事の尋問を受け、『新ライン新聞』編集部は家宅捜索を受けました。

政府は執行権への議会の口だしを拒否し、権力分立を口実にした

当時、政府は執行権に対する国民議会の口だしを拒否し、そのための口実として、立憲主義の大事な要素である権力分立論を持ちだしました。それに対してエンゲルスはつぎのように述べました。

「権力の分立は当然実施されるべき」（同前七月一一日付、⑤一九〇ページ）。

ただし、それは新憲法が制定されて実施に移された後の平時のことであって、まだその段階には至っていない、というのが彼の主張でした。

「現存する権力の分立というものは、絶対君主制、官僚的君主制に適合した、制限された、切り縮められた権力の分立ではないだろうか？　そうだとすれば、この君主制が立憲的（konstitutionell）に改革される前に、どうしてこの君主制に立憲的な用語〔権力分立。引用者注〕を適用することができるのだろうか？」（同前）

絶対君主制下では、内閣は君主に対してだけ責任を負います。議院は極めて制限された、切り縮められた役割しかもちません。それは、立憲的に改革されて近代立憲主義に変わった後で議会が行政を監督する権力分立とは全く異なるものです。そういう、立憲的に改革される前の絶対君主制に立憲的に改革された後の立憲的な用語を適用しても、既存の現実（絶対君主制）と理念（立憲主義）とがずれて混乱するだけです。政府が権力分立という言葉を持ちだしたのは、憲法制定議会による政府の監督を拒否す

るための欺瞞的な口実だったのです。
エンゲルスは、革命中は国民議会に国家権力を一元化し、議会が憲法を制定した後でその憲法に基づいて権力を分割することを主張しました。当時、隣国フランスでは二月革命後に普通選挙で成立した憲法制定議会が執行権を含めて国家権力全体を一元的に掌握しながら、憲法起草作業を進めていました。しかしプロイセン政府は、市民革命に対して守勢的な局面にある間、絶対主義的な統治機構を温存するための隠れ蓑として権力分立という立憲的な用語を用いて、執行権力への国民議会の口だしを拒否し続けたのです。フランクフルトのドイツ憲法制定国民議会は軍事や行政を諸政府にまかせ続けていました(注)。

(注)⑤三六ページ。

政府は立憲的自由と法秩序の名の下に市民軍解体に着手

その議会に内閣は市民軍設置法案を提出していました(七月七日)。そのことについて、『新ライン新聞』はつぎのように報道しました。

「立法上の儀礼から、第一条には立憲的な決まり文句を取り入れなければならなかった。/『市民軍は、立憲的自由と法秩序を守ることを本分とする』」(七月二一日付、⑤二四〇～一ページ)

ただし、同法案第一二一条はつぎのように規定していました。

「本法律の規定による市民軍の創設とともに、現在市民軍に所属し、またはそれと並んで存在している武装部隊はすべて解散される」(出典同前、⑤二四〇ページ)

記事は右の第一二一条の引用に続けて、つぎのように報道しました。

「市民軍に直接所属していない部隊の解散は、さっさと始められた。市民軍そのものを解散するには、

それを改編するような外見（Scheine）でするほかはない」（同前）

立憲的自由と法秩序を守ることを本分とする市民軍を政府は解散させ始めたのです。しかも、その際に改編するような外見を装ったのです。そのことを『新ライン新聞』はつぎのように批判しました。

「立憲的な言葉がプロイセン的事実に変えられてゆくこの情景は、ほんとうに奇妙な見ものである。／プロイセン精神が立憲的になることを承諾するとすれば、立憲主義《Konstitutionalismus》もまたプロイセン的になることを承諾しなければならない。かわいそうな立憲主義《Konstitutionalismus》よ！　けなげなドイツ人よ！」「人民は、彼らが罪をおかしたその手段によって罰せられる。お前達は出版の自由を要求したか？　では、お前達を出版の自由で罰しよう。……拘禁刑と罰金刑の検閲を、おまえ達に授けてやろう」

「お前達は市民軍を要求したか？　では、お前達に服務規則を授けよう。お前達を当局の自由な処分にまかせよう。お前達に軍事訓練を施し、受動的服従の精神で訓練し、お前達の目が涙であふれるようにしてやろう」

「もっともっと立憲的要求をだせ！　と行動内閣は叫ぶ。一つ一つの要求に対して、我々は行動をもち合わせている！」（以上同前、⑤二四二～三ページ）

右の記事では、立憲主義という言葉を出版の自由などの立憲的自由と法秩序を守るという角度から使っています。政府は立憲的自由と法秩序を守ると称しながら、現実の行動では立憲的要求を一つ一つ潰していったのです。

二つの道

やがて軍隊が一四人の市民を殺害する事件が起きました（八月一四日）。これを受けて議会は一連の決議を採択しました。議会は、将校が民間人とのいかなる衝突をも避けるだけでなく、立憲的法治状態の実現に協力するように命じる軍令をだすように陸軍大臣と内閣に求めました（九月八日）。立憲君主制の速やかな確立を公約していた内閣が議会決議の実行を拒否すれば、同内閣が掲げてきた立憲主義という看板が崩れ落ちます。実行しようとすれば、国王によって罷免されるかもしれません。こうして内閣は危機に陥りました。

「この危機を解決するには二つの道しかありえない——／……ドイツ国民議会の権威の承認、人民主権の承認か〔ⅰ〕。／それとも……ベルリン議会の解散、革命の達成物の破棄、外見的立憲主義（Scheinkonstitutionalismus）か〔ⅱ〕」（M、同前九月一二日付記事、⑤四〇〇ページ）

　議会決議を遂行して国民議会の権威の承認へ進むのか〔ⅰ〕、それとも議会の解散か〔ⅱ〕、可能性は二つに一つしかないというのです。また、第二の道に進むとなれば、絶対君主制勢力はいかにも立憲主義であるかのように外見を装うだろうというのです。

　内閣は議会決議を実行せずに辞職しました（九月二一日）。ところが、後任の首相兼陸軍大臣プフエル将軍は立憲的な言葉をふりまき（注1）、議会の意を体して軍令を実施し（注2）、「立憲主義《Konstitutionalismus》に熱心に取り組」（注3）みました。事態は、国民議会の権威の承認という第一の道に進み始めたかにみえました。

（注1）同前一〇月一四日付、⑤四二一ページ。
（注2）同前一〇月二〇日付、⑤四三〇ページ。
（注3）同前一〇月二九日付、⑤四四三ページ。

国民議会を兵士が解散させる様子

国王の反革命クーデタと、議会の納税拒否決議

すると国王はプフエルを解任して、反動派のブランデンブルク伯爵を新首相に任命し（一一月八日）、議会に休会とブランデンブルク市への移転を命じ、兵力によって議員を議場から追い払いました。その直後、マルクスはつぎのように書いています。

「国王はこれまで立憲的な国王だったことがない。彼は絶対的な国王なのであって、立憲主義《Konstitutionalismus》を採用するもしないも彼しだいである。議会はこれまで立憲的な議会だったことがなく、それは憲法を制定する議会なのである。議会はこれまで立憲主義《Konstitutionalismus》を制定しようとつとめてきた。議会はその試みを放棄することもしないこともできる」（同前一一月九日付、⑥五ページ）

議場から追われた議会は射的場で会議を開いて、ブランデンブルク内閣の措置が大逆罪であると宣言しました（詳細は⑥注解（四二）参照）。「各地から、武装した人々が国民議会の応援に馳せ参じ」、「近衛兵は服従を拒否」しました（〔 〕内は、国民議会一一月一二日付決議。出典は⑥二一ページ。詳細は⑥注解（四四）参照）

このとき、政府系の『新プロイセン新聞』が書いた記事について、マルクスは『新ライン新聞』でつぎのとおり報道しました。

「同紙はいう。『通常の立憲派は、彼らの運命のままに任せるしかない！』／捕まるのはいっしょ！〔絞首刑で〕吊るされるのもいっしょ、というわけだ！　……／では……ヴィルヘルム四世の通常でない特別の立憲主義（der extraordinäre Konstitutionalismus）とは、どういうところにあるのだろうか？／……この公式の政府機関紙は通常外の立憲主義（außerordentlichen Konstitutionalismus）の秘密を打ち明ける。／『もっとも簡単な、もっとも直接的な、もっとも危険の少ない治療法』は、もちろん、『議会をどこか別の場所に移転させること』、つまり、首都から衛兵室に、ベルリンからブランデンブルク〔市〕に、移転させることである」（一一月一七日付、⑥二五～六ページ）

国民議会は全員一致で納税拒否を議決しました。

「国民議会がベルリンで自由に会議を続行できるようになるまでは、ブランデンブルク〔伯爵〕内閣は、国庫金を処理し租税を徴収する権能をもたない。この議決は一一月一七日に効力を発生する。一一月一五日の国民議会」（出典、同前。⑥二九ページ）

その議決に呼応して、マルクス達民主党ライン地方委員会は納税拒否アピールを発表しました。これについて彼は再び予審判事の尋問を受けました。その後、移転を命じられたブランデンブルク市に議員達が集合してくると、国王は議会に解散を命じ、武力で解散させてしまいました。

国王が国民の権利を制限する国憲を一方的に欽定

同日、国王は憲法典の形式を施した暫定文書を一方的に欽定しました（一二月五日）〔ii〕。「朕フリードリヒ・ヴィヘルム、神の恩寵による、プロイセン等々の国王……。朕はここにプロイセン国のための国憲（Verfassung）（注）を以下の通り公布する」

（注）ドイツ語のVerfassungには広義と狭義があります。（1）広義は「体制」ないし「制度」を意味する場合です。（2）狭義は国家の最高基本法典を意味する場合です。ところが、そういう基本法典に関してマルクスは「Verfassung」と「Konstitution」――英仏語の「constitution」のドイツ語式表記――と、二つの用語を使っています。そういうしだいですので、本稿ではそれら二つの用語を区別し、狭義の「Verfassung」を「国憲」、「Konstitution」を「憲法」と訳し分けることにします。

欽定国憲では、国王は不可侵（第四三条）とされ、執行権（第四五条）、軍の最高指揮（第四六条）、宣戦・条約締結権（第四八条）を握っていました。そして国王は議会に対して開閉・解散（第五一条）、停止権（第五二条）を有していました。裁判権は国王の名において（第八六条）行使されることになっていました。要するに、国王の絶大な権力を温存していたのです。

他方、国民の出版の自由には制限があり（第二七条）、屋外の集会は官庁の許可を必要とし（第二九条）、政治的結社は制限され、禁止されることがあると明記していました（第三〇条）。国民の自由の制限を定めていたのです。

法律は、国王と両議院の一致を必要とする

では、立法権はどうなっていたのでしょうか？　欽定国憲は議院を設立して第一院（王族・貴族・国王勅選議員、高額納税者議員その他で構成）と第二院（民選議員で構成）を置くように定めていました。第二院は民選になったのですが、有権者は納税額に応じて一票の重さが異なる三つの階層に分けられていました。納税額の少ない庶民の参政権は、非常に軽く扱われていたのです。さらに、国民が投票で選ぶのは選挙人であって、その第一次選挙で選ばれた選挙人が集会を開いて議員を選ぶという二段階の間接選挙制になっていました。しかもつぎのように定めていたのです。

「すべての法律は、国王と両議院の一致を必要とする」（第六二条）

裏返すと、議院の立法権に対して国王は裁可・拒否権を有することになっていたのです。しかも国王は、議会への法案提出権（第六四条）を有し、さらに命令を法律の効力をもって公布する権能（第六三条）を有する規定になっていました。

要するに欽定国憲は、国民の自由を制限し、国民の参政権を納税額などによって三級に分け、その上で立法権に関しても国王の方が議院よりも優位に立つ仕組みになっているなど、国王の絶大な権力を温存していたのです。

国王は人民に屈服していたわけではなかった

そういう国憲欽定までの経過をマルクスはつぎのように振り返りました。

「あの三月革命は、人民という主権者〔i〕に神の恩寵による主権者（国王）〔ii〕を屈服させたわけではけっしてない。それはただ、王権に、絶対主義国家に、ブルジョアジーと折り合いをつけるように、その古くからのライバルと申し合わせるように強いたにすぎないのである」（『新ライン新聞』一二月一六日

付、⑥一〇五ページ）

国王は国家統治の大権を神から授かった朕こそが主権者である〔ii〕という範囲内で町人ども（ブルジョアジー）と折り合いをつける程度のことは止むを得ないという姿勢でいたというのです。

プロイセンのブルジョアジーは欽定国憲を自分の合言葉として宣伝している

その程度ではあっても国王側にそのような譲歩を強いる原動力となった人民主権〔i〕に対して、では、資本家階級（ブルジョアジー）がとった態度とは一体どういうものだったのか？　それはつぎのとおりでした。

「王権とのブルジョアジー（Bourgeoisie）の協定、このことに関して彼ら〔ブルジョアジー〕が確信していたのは、自分の運命に身を委ねていた旧国家とブルジョアジーとの取引には、その前途にまだ一つだけ障害が公然と立ちはだかっているということ——ただ一つの障害、それは人民……だということだった。人民と革命だ！」（同前、⑥一〇七ページ）

「〔プロイセンの〕『法の基盤』ということが意味したのは、人民の権原〔i〕、あの革命は政府とブルジョアジー（Bourgeoisie）との社会契約（contrat social）のうちに存在していないということだった。あのブルジョアジーが自分達の要求権を旧プロイセンの立法〔既存の体制が提供している法的な手段〕から引きだしたのは、それによって人民が新プロイセンという革命から要求権をひきださないようにするためだったのである」（同前、⑥一〇八～九ページ）

ブルジョアジーが王権との協定路線を進んだのは、人民の権原〔i〕を除け者にして、神の恩寵による王権を主張する国王〔ii〕と自分達との間だけで契約するつもりだったからだというのです。

「プロイセンの町人階級（Bürgertums）、一般にドイツの町人階級が三月から一二月までにしてきた事はつぎのことを証明している。ドイツでは正真正銘の市民革命と立憲君主制という形態の下でのブルジョアの支配の樹立ということは不可能であり、ただ、封建的・絶対主義的反革命か、それとも社会的＝共和主義的革命かだけが可能なのである」（同前、⑥一二一ページ）

プロイセンの町人階級は三月革命で政府を握った最初に王権との協定路線を表明し、つぎの内閣で民主主義者を逮捕し、市民軍を解体させました。彼らが実際に採ってきた行動が示していたのは、人民の権原を除け者にするという一貫した志向でした。それは、英仏両国のブルジョアジーが市民革命で見せた歴史的先例とは違うものでした。

英仏ブルジョアジーは、人民が旧国家を打倒するのを指導しました。彼らは、旧支配勢力の激しい反抗を受けた結果として立憲君主制という形態を受け入れるところまで妥協したとはいえ、それでもブルジョアの支配は実質的に樹立していました。しかし、ドイツの町人階級は、英仏市民革命の先例と根本的に異なって、最初から旧国家打倒でなく王権との共同支配を目指し、人民の権原の方は一貫して排除しようとし、その線で王権と取引しようとしていたのだから、そういう彼ら（例えばハンゼマン）が唱える立憲君主制なるものは、英仏両国の立憲君主制のようなブルジョアの支配形態としての立憲君主制にはなりようがないというのです。町人階級がそのような志向をもっているドイツでは、英仏両国の歴史的先例と本質的に同質な正真正銘の市民革命になることは期待できないのであり、英仏両国のような立憲君主制という形態の下でのブルジョアの支配の樹立ということは不可能なのだというのです。

実際、同国ブルジョアジーを代表する立憲王政プロイセン協会は、憲法制定国民議会の武力解散に抗議するどころか、国憲欽定を支持するキャンペーンを始めました。欽定国憲が定めた議院第二院の第一次選挙（原級選挙）で、欽定国憲支持の候補者に投票するように呼びかけたのです。それに対してマルクスは、つぎのように書きました。

「問題になっているのは単につぎのことなのです。／皆さんは、あの古い絶対主義と新たに蘇らされた身分制度とを希望するのか――それとも、ブルジョア的な代議制度を希望するのか？」

「神の恩寵によって即位したという国王達のだれか一人とでも、ブルジョアジー（die Bourgeoisie）が自分達の物質的利益に見合う政治的国家形態をともに実現できた実例が、歴史上にこれまで一度でもあるだろうか？　／立憲君主制というものを建設するためには、ブルジョアジーはイギリスでは二度スチュアート〔王〕家を、フランスでは由緒あるブルボン家を、ベルギーではナッサウ家を追放しなければならなかった」

「国民議会はなぜ解散されたのか？　この議会が封建制度の利益に対抗してブルジョアジーの利益を代表したからにほかならない。議会が農業の障害となっている封建的諸関係を廃止し、軍隊と官僚を商工業に従属させ、国庫金の浪費をやめさせ、貴族や官僚の称号を廃止しようとしたからである」（同前、一八四九年一月二二日付、⑥一八七～九ページ）

人々の気持ちは多様ですので、古い身分制度でかまわないと思う人も町人階級のなかにはいるかもしれませんが、しかし、物質的利益という点では、封建制度の利益はブルジョアジー・資本家階級の利益にとって障害となっているというのです。農業における封建的諸関係や国庫金の浪費という封建支配階級の利益は、農業生産や商工業の発展という資本家階級の利益にとって障害となっているというのです。議席が選挙によって与えられる代議制の国民議会で多数を占めた資本家階級の代表は、封建的諸関係を廃止し、軍隊と官僚を商工業に従属させ、国庫金の浪費をやめさせ、貴族や官僚の称号を廃止しようとしたのだというのです。つまり、考え方としては、立憲王政プロイセン協会の人々を含めて様々な考え方があろうが、物質的利益という点では資本家階級の利益と封建制度の利益とは両立できないというのです。

政治的国家形態としては、選挙に基づく代議制度の立憲君主制は資本家階級の物質的利益に見合うものであり、他方、神の恩寵によると称する国王絶対主義の身分制度は封建制度の利益に見合うものだというのです。英仏ベルギーのブルジョアジー・資本家階級が立憲君主制樹立に際して王家を追放した歴史は、それらが両立しえないことを示しているというのです。国民議会はなぜ解散されたのか？——それらが両立しえないことを現代プロイセンの絶対主義勢力も理解していたからだというのです。「つまりクーデタと反革命的危機、これが神の恩寵による〔と称する〕王権の存立条件なのだ」（同前、⑥一八九ページ）

そういう明け透けな事実について、王権の側には最初から甘い思い違いはかけらもありませんでした。そこで、三月事件やそのほかの諸事件に迫られて、やむなく屈服し、「平民的な王権のような外見（Schein）形態」を不承不承にとりながら、その陰で「少数が多数を支配できるように強力な軍隊をつくる」ことに精をだし、議会が新憲法案議決に達する前に革命鎮圧に踏み切ったのでした（〔〕内は同前、⑥一八九〜一九〇ページ）。そういう真相がクーデタによって明らかになった後だというのに、それでもプロイセンのブルジョアジーの態度は変わりませんでした。

「こういう事情の下で、プロイセンのブルジョアジーはフランス、イギリス、ベルギーにおける彼らの先輩とは全く矛盾して、欽定国憲を（したがって、また神の恩寵による王権、官僚制および門閥貴族制を）、自分の合言葉として宣伝している」（同前、⑥一九二ページ）。

もう一回新しく革命をおこすことによってしか手の届かないものばかり

ただし、市民左派といわれる勢力の態度はやや違っていました。彼らも国憲欽定を「進歩」（⑥二〇一ページ）と呼び、「革命の継続を望まない」（⑥二〇二ページ）と表明してはいたのですが、同時につぎのようにも「望んで」いました（以上、「」内出典は『新ライン新聞』一八四九年一月二八日付記事のなかにある引用）。「しかし私達が望んでいるのは新しい法律であり、目覚めた自由な人民精神と平等権という原理が求めるような法律なのです。私達が望んでいるのは真の民主的＝立憲的な秩序なのです」（同前、⑥二〇四ページ）

真の民主的＝立憲的な秩序を望んでいるという点では、市民左派は立憲王政プロイセン協会とは違っていました。とはいえ、国王のクーデタを受けて革命の継続を望まないと屈服しておきながら、真の民主的＝立憲的な秩序を望んでいるというのは、非現実的な儚い夢想でしかありませんでした。そのことを指摘したのが、本稿冒頭でみたつぎの一節だったのです。

「何らかの民主制（Demokratie）、しかもまた何らかの立憲主義《Konstitutionalismus》、少しの新しい法律、封建的諸制度の除去、市民的平等など。」「この皆さんが『望んでいる』ものはどれも、もう一回新しく革命をおこすことによってしか手の届かないものばかりなのだ」（同前）

第三節　マルクス達の法廷闘争――立憲主義を根拠に革命的名誉を救う

以上、みてきたように、古い絶対主義勢力がクーデタを決行し、立憲王政プロイセン協会が欽定国憲支持キャンペーンを張り、市民左派も革命の継続を望まないと表明した状況において、マルクス達はケルン陪審裁判所の被告席につきました（一八四九年二月）。一日目は、前年七月の民主主義者逮捕の記事について検事侮辱罪に問う裁判が行なわれました。二日目は、民主党の納税拒否アピールについて公務執行妨害の教唆に問う裁判が行なわれました。

(1)『新ライン新聞』記事に関して出版の自由を主張した法廷弁論

民主主義者逮捕を報じた記事に関する一日目の法定弁論から一部をつぎにご紹介します。

マルクスの弁論（抜粋）

「皆さん！」「論説全体の眼目は、その後に遂行された反革命の予言にあり、警察職員の数が多ければ多いほど国家はそれだけますます自由になるという、奇妙な主張をもって登場したハンゼマン内閣に対する非難にあるのです。」「反革命がまもなくプロイセンの人民革命と衝突して挫折しないならば、結社および出版の自由は、プロイセンにおいても完全に破棄されてしまうでしょう」。「被抑圧者の最も身近な環境において、この被抑圧者のために起つことは、何といっても新聞の義務なのです」（「『新ライン新聞』の第一回出版訴訟」、⑥二二七～九ページ）

エンゲルスの弁論（抜粋）

「『左派がある美しい朝に気づくかもしれないのは、彼らの議会における勝利と現実の敗北とが一緒にやってくるという事態なのである。』／このことは文字通り的中したではありませんか！」「新聞は、大臣から憲兵にいたるまでのすべての官吏に対し、……その事実によって彼らがその名誉または繊細な感情を害されたと感じるかどうかを、まず尋ねなければならないとしたら、また、新聞が事件を曲げて報道するか、さもなければ全く報道しないかの、いずれかを選ばなければならないとしたら、――皆さん、その時には出版の自由は消滅します」（同前、⑥二三四～五ページ）

二人は出版の自由や結社の自由を主張して、一歩も譲りませんでした。

(2) クーデタに対する納税拒否アピールの正当性を立憲主義の立場から証明

翌日には、国民議会の納税拒否決議を支持して納税拒否アピールをだした民主党ライン地方委員会の三人が法廷に立ちました。その時のマルクスの法廷弁論を以下に抜粋します。

政府は勝手に一つの国憲を欽定し、法律を破棄した

「陪審員の皆さん」。「国民議会への検察官の批判と、納税拒否決議への検察官の批判が根拠としていたのは何だったでしょうか？　一八四八年四月六日付法律〔将来のプロイセン体制の若干の原則に関する命令〕と、同月八日付法律〔プロイセン国家体制協定のため召集されるべき議会のための選挙法〕です。では、政府が一二月五日に勝手に一つの国憲（Verfassung）を欽定し、また新しい選挙法を国に押しつけたときに政府がやったこととは何だったのでしょうか？　一八四八年四月六日付法律と同月八日付法律を破棄したのです」（⑥二三六ページ）

「自分が破棄したその法律を、当の法律の擁護者に対して適用することはできません」（「民主党ライン地方委員会に対する訴訟」⑥二三八ページ）

右でマルクスが挙げている二つの法律とは、国王が任命した内閣が提出した法案を旧来の封建的身分代表制の連合州議会が採択し、国王も裁可していたものでした。まさに既存の体制が提供している法的な手段（カンプハウゼン）ということでは一点の瑕疵もない法律でした。ところが、それらの法律に基づいて召集された議会が同法の定めた使命、すなわち、プロイセン国家体制案を採択して協定のために国王に提出するという使命を果たす前に、国王が勝手に一つの国憲を欽定して同議会を解散してしまったのです。また、同法に基づく議会に代わる別の議会を選ぶための新しい選挙法を国民に押しつけたのです。それは、上記二つの法律を政府自らが破棄したことを意味しました。そういう、政府自らが破棄した法律を根拠として国民議会と納税拒否決議を批判することはできないし、それらを擁護したマルクス達を罪に問うことはできないというのです。つまり、検察側の主張は法的に無効だというのです。さらにマルクスはつぎのように述べます。

「人民はすでに王権に反対し、国民議会を支持することを決定しています。第二院選挙がただ一つ合法的な選挙です。というのは、一八四八年四月八日付法律に基づいて行なわれた選挙はこれだけだからです。そして、納税拒否に賛成した議員はほとんど全員が第二院に再選されています。……私の共同被告であるシュナイダー二世自身、ケルン選出の代議士です。ですから、国民議会が納税拒否を議決する権利をもっているかどうかという問題はすでに事実上、人民によって決着済なのです」（同前）

国民議会による納税拒否決議に賛成した議員の再当選によって、同決議を是認する人民の判断もすでに下されているというのです。共同被告であるシュナイダー二世自身、ケルン選出の代議士であり、ケルン陪審裁判所が判決をだす以前に、ケルン人民が彼の再当選という形で「最高の判決」（同前）をすでに下しているというのです。

国民議会は、最初から主権の存する憲法制定議会だった

つぎにマルクスは法の基盤という問題を取り上げます。検察側が納税拒否は法の基盤を覆すものだと主張していたからです。

「皆さん、この機会にいわゆる法の基盤というものを、正視してみましょう」（同前、⑥二四〇ページ）

「法律というものはむしろ社会を基盤としなければならず、それは少数の個々人の勝手気ままに対抗して社会の共通の、その時々の物質的生産様式から生まれてくる利害や必要を表現するものでなければならないのです」（同前、⑥二四一ページ）

それまでの歴史に現実に存在してきた法律は奴隷主、領主、資本家など、各時代の支配階級の諸個人の意志に国家意志としての一般的な表現を与えたものだったのですが（前出「ドイツ・イデオロギー」）、しかし、法律があるべき姿としては、それは少数の個々人の勝手気ままに対抗して社会の共通の利害や必要を表現するものでなければならないと彼は陳述しています。歴史上の現実も、あるべき姿も、時々の生産関係・生産様式が基礎になることでは共通なのですが、法律に表現されているものが支配階級の諸個人の意志なのか、社会の共通の利害や必要なのか、というのは全く逆です。右のように述べた上で、マルクスは国民議会の正当性を主張しました。

「国民議会は……封建社会に対立する現代市民社会を代表していました。この議会は、いまでは従来の政治組織や従来の法律と矛盾するようになった生産関係に適した体制を自主的に決定するため、国民が選出したものです。ですから、国民議会は最初から主権の存する憲法制定議会だったのです。」〔・i〕（同前、⑥二四二ページ）

国王には立憲制などというものに譲歩する気持が最初からなかった

法の基盤が国民にあることを述べた彼がつぎに取り上げたのは、それに背く国王の姿勢でした。「皆さん！　王位の手にあった権力は打ち砕かれたのです。王位は、その権力の破片だけでも守ろうとして、その権力を放棄したのです。皆さん、国王は〔一八四〇年の〕即位の直後にケーニヒスベルク〔市〕とベルリンで、立憲制（konstitutionellen Verfassung）などというものに譲歩しないと公式に誓約したことを皆さんは覚えていらっしゃるでしょう。また、一八四七年、〔封建的身分制の〕連合州議会の開会式のときに、国王が朕と我が民との中間にどんな紙切れ〔憲法典〕が入り込むことも朕は許さないと高らかに誓ったことも、皆さんは覚えていらっしゃるでしょう。その国王が一八四八年三月〔の革命〕の後では、あの欽定国憲（Verfassung）のなかでさえ、立憲的な国王と自称しているのです……。国王がそういう譲歩を行なったのは、彼がそうするように革命が強制したのです〔:i〕」（同前、⑥二四三ページ）

国王が立憲君主制の憲法を制定することなど、本心では望んでいなかったし、いまも望んでいるわけではないというのです。

プロイセンには憲法は存在していません――それをこれからつくるところだった

「検察官はさらにこういっています。／『国民議会を移転させ、また、それを停会する権利は、執行権力の発現であって、すべての立憲国でひとしく承認されている』と。／執行権力が立法議院を移転させる権利をもつという点についていえば、この主張を裏づける法律なり実例なり、一つでもよいから挙げてくれるよう、私は検察官に要求します」

「たしかに、立憲〔君主制〕国家では、王は議院を停会する権限をもっています。ですが、お忘れにならないでいただきたいのは、もう一方で、すべての憲法（Konstitutionen）にどれだけの期間にわたって議院を停会することが許されるか、どれだけの期間が経ったら議院を再招集しなければならないかが規定されているということなのです。プロイセンには憲法（Konstitution）は存在していません――それをこれからつくるところだったのであり、停会した議院を招集しなければならない法定期限も存在していませんでしたし、したがって、また国王の停止権も存在していなかったのです」（同前、⑥二四四ページ）

マルクスは同一の法廷弁論のなかで、一方ではプロイセン国王が勝手に一つの国憲（Verfassung）を欽定したと語りながら、他方ではプロイセンには憲法（Konstitution）は存在していません――それをこれからつくるところだったと語っています。どういうことでしょうか？

憲法（Konstitution）をもつ立憲国家、例えばイギリスでは議会が議決した権利の宣言を新国王夫妻が即位前に承認しました。スペイン、ポルトガル、ベルギーでも、議会が議決した憲法（Konstitution）典を国王が承認しました〔i〕。しかしプロイセンでは、国王が憲法制定議会を武力で解散させて、勝手に一つの国憲（Verfassung）を欽定したのです〔ii〕。

その違いは章典の内容にも反映しています。立憲国家の憲法（Konstitution）はすべて、議院停会の期間を限定しているというのです。議院の停会期間が限定されていない状態で議院が停会されれば、いつまでに再招集されるのか保障がありません。停会されたままで再招集が無期限に先延ばしされると、議院は事実上無きも同然となってしまい、執行権力の専制となってしまいます。その危険性を防止するために、立憲国家の憲法（Konstitution）は停会期限を規定しているというのです〔i〕。しかし、その規定が欽定国憲（Verfassung）には欠けているというのです。

ここで彼は立憲国家の憲法、近代立憲主義的な意味での憲法をKonstitution（憲法）と呼んでいます〔i〕。そして、そういう近代立憲主義的な意味の憲法ということでは、プロイセンには憲法（Konstitution）は存在していません――それをこれからつくるところだったと述べているのです。裏返すと、国王が勝手に欽定した国憲（Verfassung）は、近代立憲主義的な意味での憲法（Konstitution）にはあたらないと彼はみているのです。

以上のとおり、プロイセン欽定国憲（Verfassung）が立憲国家の憲法（Konstitution）とは似て非なるものであることを論証した上で、彼はつぎのとおり述べています。

「皆さん！　プロイセンの王権とプロイセンの国民議会との争いを立憲国の諸関係を基準にして考えようとすれば、どんなことになるのかということはこの実例でお分かりでしょう。つまり、絶対王制を維持することになるのです。一方で王権に対しては立憲的な執行権力のもつ諸権利を認めておきながら、他方で立憲的な執行権力が受ける諸制限というものを王権に課する法律や慣習や機関は何もないのです〔ii〕」（同前、⑥二四四～五ページ）

右の一節で彼は、執行権力が諸制限を受けることを立憲主義の不可欠の契機と位置づけています。そういう要件を満たしていない国王が勝手に欽定した国憲（Verfassung）を、あたかも立憲国家の憲法（Konstitution）と同じであるかのように勘違いして受け入れてしまうと、現実には絶対王制を維持することになるというのです。

租税の承認や拒否が、立憲主義で大きな役割を演じるのはなぜか？

国王が議会に停会と移転を命じたのは、まさにその絶対王制を維持するためでした。議会は納税拒否決議で抵抗しました。その後、議員達は移転先に結集して新憲法案を議決しようと試みました。

「有効議決を行なえるだけの人数の代議士がブランデンブルク〔市〕に集まったとき、王権は猫をかぶるのをやめて、国民議会の解散を宣言したのです」〔ii〕（同前、⑥二四六ページ）

その後、国王側がさらに民主党の三人を訴追して、納税拒否決議（支持アピール）を執拗に攻撃してきたのが今回の裁判でした。そのように、納税拒否決議の是非は、議会による新憲法案の成否と密接に関係していたのです。そこでマルクスは問いかけます。

「皆さん、そもそも租税というものが、租税の承認や拒否ということが、立憲主義《Konstitutionalismus》の歴史においてこんなにも大きな役割を演じるのはなぜでしょうか？」（同前、⑥二五一ページ）

議会の納税拒否決議と立憲主義との間には、そもそも根本的な関係があるのだというのです。

「その理由は極めて簡単です。農奴が現金を払って封建諸侯から特権を買い取ったように、全体としての人民も、封建的国王達から特権を買い取ったのです。国王達は外国と戦争をやったり、とりわけ封建諸侯とたたかうために金が必要でした。商工業が発展するにつれて、国王達はますます多額の金を必要とするようになりました。だが、それにつれて第三身分、すなわち町人身分もますます発展してゆき、ますます多額の資金を自由に動かすようになったのです。それにつれて、彼らは租税を手段として、ますます多くの自由を国王達から買い取りました。これらの自由を確かなものにするために、彼らは、その貨幣支払いを定期的にそのつど新しくやり直す権利を自分達の手に残したのです——これが租税の承認・拒否権なのです。この発展は特にイギリスの歴史で詳しくたどることができます。／だから、中世の社会では、租税は新興の市民社会と支配していた封建国家とを結ぶ唯一の絆だったのです。この絆のせいで、封建国家は市民社会に譲歩を与え、市民社会の発展に屈服し、市民社会の必要に適応しなければなりませんでした。近代〔立憲制〕国家では、租税の承認・拒否権は、市民社会が自分の一般的利害の管理委員会である政府を統制する一手段に変わっているのです」（同前）

租税の承認や拒否が立憲主義で大きな役割を演じるのは、それが市民社会にとって政府を統制する一手段だからだというのです。

納税拒否は正当防衛

その上で彼は、納税拒否が立憲主義においてもつ意味を論じていきます。

「だから、〔年度ごとの〕分割的な納税拒否は、あらゆる立憲機構の不可欠の構成部分になっているのがわかります。この種の租税拒否は予算が否決されるたびにおこるのです。……予算の否決は、議会的形態をとった租税拒否なのです。目下の争いでは、この形態は利用できませんでした。なぜなら、憲法（Konstitution）というものはまだ存在しておらず、これからつくりださなければならなかったからです。／……一八三二年に、イギリスで納税拒否がウェリントン内閣を倒しました。……イギリスはもちろん立憲主義《Konstitutionalismus》の歴史的な国です」（同前、⑥二五一～二ページ）

立憲制の国では、納税者は税金を一年毎に納めます。そのようにして納税される税金の使途は、毎年度、予算案として議会にかけられます。そこで、代議制議会によって予算が否決され、徴税が拒否されると、政府は職員に給与を支払ったり、必要な資材を購入することができなくなります。つまり、執行が財政的に制限されます。代議制議会の予算（徴税）の承認・拒否権は、執行権力が暴走しないように制限する立憲機構の不可欠の構成部分だというのです。

「現下の事態において、あの納税拒否は政府によって土台を危うくされた社会の側の、政府に対する正

当防衛にほかならなかったのです」（同前、⑥二五二ページ）

国民ないし納税者を代表する議会を武力解散した政府に対する納税拒否は、社会の側の正当防衛なのであり、立憲主義にも適っているというのです。ということは、被告席に立っている民主党ライン地方委員会の三人が首尾一貫堅持してきた姿勢こそが立憲主義に適っているということになります。被告の民主主義者達は立憲主義者として行動していたのです。

以上の通り、議会の納税拒否決議（とその支持アピール）の正当性を論証する際にマルクスが根拠にしたのは立憲主義でした。その際に彼は民主主義はもちだしていません。具体例として挙げているのもイギリスであって、同国は民主共和制でなく立憲君主制国でした。

しかし、連日の訴訟で実質的に争われた政治的な意味は、民主主義への弾圧がまかりとおるか否かにありました。例えば、検事侮辱罪に問われた新聞記事が報道していたのは、民主主義者の逮捕でした。マルクスの法廷弁論でも、「民主主義協会が禁止され」、「民主主義学生協会が解散され」たとあります（「」内は⑥二二八ページ）。二日目の被告は、民主党ライン地方委員会でした。また、マルクス自身も法廷で、納税拒否決議賛成議員を再当選させた人民の投票結果を最高の判決と呼び、国民が選出した国民議会を主権の存すると呼ぶなど、彼の陳述は民主主義の立場にたっています。

このように政治的、実質的な争点は国王専制か民主主義かにあったのですが、しかし法的な争点としては、一日目は出版の自由であり、二日目は議会による納税拒否決議（の支持アピール）の正否にありました。その際、二人の法廷弁論に民主主義という文言がみえるのは、禁止された二協会の名称（固有名詞）の一部としてあるだけで、それを除くと民主という文言はみあたりません。マルクスが正当性を論証する根拠としたのは、一日目は結社の自由と出版の自由であり、二日目は立憲主義でした。

共産主義者マルクスは、民主主義者として行動し、法的には立憲主義に基づいて正当性を論証したのでした。判決は一日目も二日目も無罪でした。国王がクーデタに踏み切りながら外見的に立憲主義を標榜し〔ii〕、立憲王政プロイセン協会が欽定国憲支持キャンペーンを張り、市民左派も革命の継続を望まないと表明した下で、共産主義者マルクス達は民主党員として真の立憲主義の「革命的名誉」(注)を救ったのでした〔i〕。

（注）E『ケルン陪審法廷に立つカール・マルクス』への序文、㉑二〇四ページ。

第四節　プロイセン政府は全立憲主義をまねて茶化す

そのころ、ベルリンでは欽定国憲（暫定）に基づいて召集されたプロイセン議院が開会されました。「貴族の大臣は、とびきりお人よしみたいに、退屈な立憲的形式にしたがっているが、これはこの形式をつかって流ちょうな平易な言葉づかいで、両院や全立憲主義《Konstitutionalismus》をまねて茶化す（mokieren）ためである」（『新ライン新聞』三月二日付、⑥三二一ページ）

内務大臣マントイフェル男爵は、「外見的立憲主義的な（scheinkonstitutionelle）言葉づかいをもちい」(注)ながら、その実、逆に立憲的自由を抑圧する法律を議院で可決させて、結社・集会・ポスター・出版を弾圧したのでした。

（注）同前四月二七日付、⑥四三三ページ。

それとは別に、フランクフルトのドイツ制憲国民議会は、国民の基本権を保障して議会の予算承認権も明記した帝制ドイツ国憲の議決に辿り着きました（三月二七日）。そして同議会はドイツ皇帝への即位をプロイセン国王に要請しました。しかし、同国王は皇帝即位を拒否し（四月二七日）、ドイツ国憲は宙に浮いてしまいました。

プロイセン政府はマルクスに追放命令をだし、彼は民主党の委任に基づいてパリに赴きました。政府はエンゲルスにも逮捕状をだし、彼はバーデン＝プファルツの市民軍に参加し、同軍敗北後に陸続きのスイスへ逃れました。

スイスは前年に民主共和制が樹立され、「執行権力は……立法権力の単なる流出であり、腕であるにすぎない」(注)ほどに議会が圧倒的な力をもつ憲法が成立していました。

（注）E論説「〔スイス〕国民会議」。⑥九四ページ。

オーストリア帝国は欽定国憲を撤回してしまいました。やがてドイツ制憲国民議会も活動を停止しました（一八五〇年六月）。こうしてドイツ一八四八～四九年革命は終息したのです。

革命開始時、マルクス達は全ドイツを単一不可分の共和国にすることなどを求めていました。それは労働者革命にとって第一歩となるべき歴史的課題でした。ハンゼマンの内閣は、立憲君主制の速やかな確立を公約していました。どちらも当時はまだ手が届きませんでした。そういうなかでも、マルクス達は民主主義と立憲主義をたたかいとるために全力を尽くし、革命的名誉を救いました〔ⅰ〕。その勇気と誇りはその後の運動につながっていきます。

第五章　フランス――立法国民議会の開会から粉砕までが立憲共和制の生存期間

普通選挙で議会多数を占めた君主制復活派が普通選挙権を廃止

マルクスが赴いたフランスでは、前年の二月革命直後に、臨時政府が新憲法草案を発表しており、そこには国民の教育を受ける権利、労働の権利、扶助を受ける権利(注)など、社会権条項も書き込まれていました。階級分裂の廃止にまではいかなくとも、貧困階級が教養を得て就労し、疾病時などに扶助を受けられるように行政の手段および能力(「批判的論評」)を活用する方向で憲法案が起草されていたのでした。

(注) M「一八四八年一一月四日に採択されたフランス共和国憲法」――以下、「共和国憲法」と略。⑦五〇二ページ。

版画『投票箱と銃』(1848年4月)。
Louis Marie Bosredon 作。
投票箱には「SUFFRAGE UNIVERSEL」(普通選挙)と書かれている

その後、普通選挙によって成立した憲法制定議会は、軍事や執行権も含めて、国家権力全体を掌握しました。同議会で多数を

当時の農村の投票光景

占めたブルジョア共和派の政府は、労働者階級を挑発して反発した労働者を軍事弾圧し（一八四八年六月）、戒厳令下で新憲法を議決しました（同年一一月）。そこでは、草案にあった社会権条項は削除されていました。

大統領には、元皇帝ナポレオン・ボナパルトの甥であるルイ・ボナパルトが普通選挙で当選しました（一二月）。立法議会には、同じく普通選挙によって旧封建貴族の子孫達と資本家階級が大量当選し、君主制復活派が多数を占めました（一八四九年五月）。同国政府によってマルクスは追放され、イギリスに亡命しました（八月）。エンゲルスもイギリスに移ってきました（一一月）。

マルクスが去った後のフランスでは、王政復古派多数の立法議会が普通選挙権を廃止してしまいました（一八五〇年五月）。これに対してマルクスは、「憲法（Konstitution）の基礎はしかし、普通選挙権」（注）ではないかと批判しています。元々、二月革命が起きたのはオルレアン王政下の制限選挙制に対して民衆が選挙権の拡大を求めたところから始まったのであり、革命後の憲法制定議会も普通選挙によって成立していたのでした。しかも、立法議会自身も普通選挙によって成立していたのです。それにもかかわらず、君主制復活派が多数を占めた立法議会は自らの法的正統性の基礎である「普通選挙権」を廃止してしまったのです。

（注）「フランスにおける階級闘争」⑦九〇ページ。

ルイ・ボナパルトが憲法を無視し、クーデタで立憲　共和制を破壊

他方、元皇帝の甥が普通選挙によって得た執行権力は極めて巨大なものでした。「この執行権力には、途方もない官僚機構と軍事機構があり、広範重層的で精巧な国家機関がある。五〇万という公務員の大群がいて、さらに五〇万という軍隊がいる。」「この国家権力の作用は、工場のように分業と中央集権の下におかれている。」「ナポレオンがこれらの国家機関を完成した」（M『ルイ・ボナパルトのブリュメール一八日』。選書一五九〜一六〇ページ。⑧一九二〜三ページ）

伯父ナポレオンが完成したその強大な執行権力を、今度は甥が握ったのです。ところが憲法は、大統領の連続再選を禁じていました。その大統領任期が切れる前に彼が「憲法を無視し」、「軍隊を利用する」ことをマルクスは警告しました。（注）

（注）「」内はM「共和国憲法」。⑦五一三、五一四ページ。

案の定、ルイ・ボナパルトは軍事クーデタを決行して議会を破壊し、立憲制を廃棄してしまいました。伯父同様、主体的な勝手気ままを暴走させたのです。

1851年12月のクーデタ

「一八四九年五月二八日、立法国民議会が開会した。一八五一年一二月二日、議会は粉砕された。この期間が、立憲共和制すなわち議会共和制の生存期間にあたる」（M『ブリュメール』選書五四ページ。⑧一一八ページ）

ところが、そのクーデタを国民投票は圧倒的多数で事後承認しました。翌年の世襲帝制への体制変更も圧倒的多数で承認してしまいました。その軍事専制体制はその後二〇年近く続くことになります。

第二篇の小括

一八四七年に経済恐慌が発生し、翌年二月にはヨーロッパ大陸各地で市民革命が起こりました。フランスでは選挙権拡大を求めた民衆に国王の軍隊が発砲したのに人民が反発して立憲君主制が倒れ、その後の立憲共和制はクーデタで倒されて軍事独裁になってしまいました。

スイスは民主共和制の憲法が成立しました。

ドイツのプロイセンでは、三月革命後に国王が任命した平民銀行家カンプハウゼンの内閣は、既存の体制が提供している法的な手段を使って新しい体制に移行させるという王権との協定路線を敷きました。大資本家ハンゼマンの内閣は、立憲君主制の速やかな確立を公約して民主主義者を逮捕し、市民軍を改編するような外見を装いながら現実には解散させ、議会決議の実行を拒んで辞職しました。その陰で現実に決定的な部署のすべてを掌握し、少数が多数を支配できるように強力な軍隊を立て直した国王勢力は、ベルリン議会の解散、革命の達成物の破棄、外見的立憲主義（Scheinkonstitutionalismus）に進み、勝手に国憲を欽定しました。

マルクス達は革命開始直後に共和国実現や男女ドイツ人の普通選挙権実現などの民主主義的な要求を発表し、帰国して『新ライン新聞――民主制の機関紙』を発行し、民主党に参加し、民主主義者の逮捕を速報して告発しました。民主主義者として行動したのです。

国王のクーデタ後、立憲王政プロイセン協会が欽定国憲支持キャンペーンを張り、市民左派も革命の継続を望まないと表明した状況において、マルクス達は法廷で出版と結社の自由を主張し、議会の納税拒否決議を立憲主義に基づいて擁護しました。欽定国憲（Verfassung）に議会停止期限の規定が欠けていることを指摘するなど、それが立憲国家の近代立憲主義的な意味での憲法（Konstitutionen）にあたらないことを論証しました。そして立憲制国では、租税の承認・拒否権は、市民社会が自分の一般的利害の管理委員会である政府を統制する一手段に変わっており、議会の予算・納税拒否はあらゆる立憲機構の不可欠の構成部分になっていることを述べて、納税拒否決議が立憲主義に適うものであることを論証しました。判決は二件とも無罪でした。共産主義者マルクス達は民主主義と立憲主義の革命的名誉を救ったのでした。

なお、当時の世界資本主義の中心であり、工場法の改定などが合法的・立憲主義的に進んでいたイギリスでは、国家革命は起こりませんでした。そのイギリスに二人は亡命しました。

第三篇

熟年期――立憲主義国における合法的な社会発展の可能性を重視

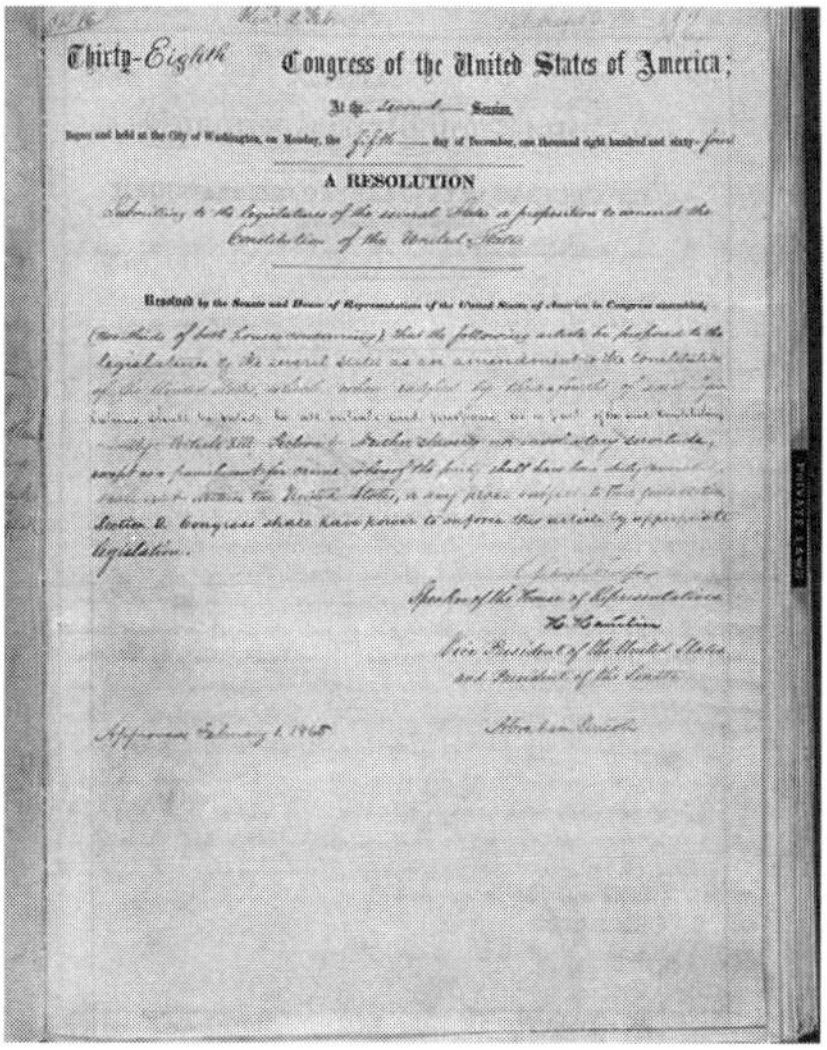
Thirty-Eighth Congress of the United States of America;
At the second Session.
Begun and held at the City of Washington, on Monday, the fifth day of December, one thousand eight hundred and sixty-four

A RESOLUTION

アメリカ合衆国憲法修正第13条。最下段に1865年2月1日の日付とエイブラハム・リンカーンの署名がある。同国国立公文書記録管理局、所蔵

Der Sozialdemokrat
Internationales Organ der Sozialdemokratie deutscher Zunge
№ 1. Sonntag, 5. Oktober. 1879.
Die Organisation der deutschen Sozialdemokratie.

スイスで印刷されて社会主義者取締法下のドイツ帝国に持ち込まれた『ゾツィアールデモクラート紙』第1号。抵抗権行使の具体化となった

（第三篇の概要）

その後、立憲君主制のイギリスで法定労働時間の合法的な適用対象が男子労働者にまで拡大され、民主共和制のアメリカ合衆国では奴隷所有を禁止する憲法修正が実現しました。その現実から、立憲主義国における合法的な社会発展の可能性について２人は熟考します。

ドイツ帝国では労働者政党が帝国政府の弾圧に抵抗しながら不屈に成長していき、フランスでは３度目の民主共和制が成立します。そういう中で、普通選挙制を通じて議会で多数を得た革命という考え方を２人はさらに成熟させていきます。

第六章　立憲君主制のイギリスなど

二人が亡命したイギリスは、すでにみたように典型的な立憲主義国でした。その立憲君主制の成立史に関して、二人はつぎの叙述を残しています。

「王権が議会に屈服したことはある階級の支配に王権が屈服したことだ。……絶対君主制から立憲君主制への推移は概して、激烈な闘争が行なわれ共和制をとおった後でようやく生じるのであって、その場合ですら、旧王朝は使えないものとして、王座を横取りする傍系に譲らなければならない」（ＭＥ『新ライン新聞、政治経済評論』への書評。⑦二一六ページ）

英米仏各国は市民革命で共和制にまで進んだのですが、英仏両国ではもっとも首尾一貫した共和主義者・共産主義的な政党が弾圧され、根強い伝統に支えられた旧支配層が力を盛り返して君主制が復活しました。ただし、外国在住分家筋などの傍系を王位に据えることにより、正統嫡流王家が帰還して絶対王制を復活させる可能性に障害が設けられました。そのように絶対的でなく立憲的な君主制だとはいえ、君主制の復活は国民主権確立の挫折も意味しました。そうではあっても、立憲主義の方は再建されていたのでした。

第一節　イギリス憲法

そういう名誉革命から二世紀近くが経ち、当時のイギリスは立憲君主制がすっかり定着していました。イギリスの王権の在り方は、軍事クーデタで憲法制定議会を破壊したプロイセンの王権とは全く違っていました。

「イギリスの貴族と結んだイギリスの金貸しは、王権を国内では立憲主義《constitutionalism》の虚位となし、国外では儀典用の隔離した存在とする」（M論説「東インド会社――その歴史と成果」、一八五三年、⑨一九五ページ）

当時のイギリス議会では上院を貴族が占め、下院選挙の有権者数は人口比で数％に限られていました。下院議席の内訳は、貴族一七・〇％、農村大地主四一・三％、商人・金融業者一七・一％、法曹家一七・〇％でした（一八五四年当時。出典⑩五一ページ）。彼らが英国立憲制の実権を握っていたのです。そういうイギリスの憲法について、マルクスはつぎのようにも書きました。

「イギリス憲法（Konstitution）とは何なのか？ その本質は代議制度と執行権力の制限にあるのか？ この指標は、イギリス憲法を北米の合衆国憲法（Konstitution）から区別するものでもなければ、『彼らの商売』を心得ている無数のイギリスの株式会社の定款（Konstitution）からも区別するわけではない。……イギリスの憲法は実のところ、公式にではないが、事実上市民社会の決定的な部面のすべてを支配しているブルジョアジーと、公式の統治者である土地貴族との間の年を経た、時代遅れの古くさい妥協にすぎないものである」（M「イギリスの憲法」一八五五年、⑪九〇ページ）

ここで彼はイギリス憲法の本質は実のところ、ブルジョアジー・資本家階級が土地貴族と妥協しながら行なっている階級支配なのだとしています。

同時に彼は、「代議制度と執行権力の制限」を「指標」と呼んでいます。指標とは、あるものと他のものとを区別するための目印・基準です。代議制度と執行権力の制限ということを指標にしてみると、イギリス憲法と合衆国憲法とは区別されないというのです。他方、プロイセンやフランスでは、執行権力がクーデタで代議制度を破壊していました。それら英米両国と普仏両国とを対比すると、代議制度と執行権力の制限は、真正な立憲主義の国家体制とそうでない国家体制とを判別する上で、確かに指標となりえます。

ただしイギリスは立憲君主制であり、アメリカ合衆国は民主共和制です。それら二つの国家形態については、立憲君主制の矛盾を止揚したのが民主的代議制だとマルクスは理解していました（前出「ユダヤ人問題」）。その止揚の前（立憲君主制）も後（民主共和制）も、代議制度と執行権力の制限という指標は保持されている、というのです。その代議制度と執行権力の制限について、数年後、アメリカ合衆国が見事なお手本を見せることになります（第七章）。

第二節　立憲主義の破産、苦悶、復活

イギリスは、ロシア帝国と開戦し（一八五四年三月）、それを機にトーリー党（注、貴族や地主が階級的基盤）とウィッグ党（注、資本家が階級的基盤）との連立政権が崩壊し、女王から要請を受けた三人も組閣に失敗しました。そのとき、マルクスはつぎのように書いています。

「あの連立内閣、あらゆる内閣のうちで最も立憲的な内閣がイギリスで崩壊しただけではない」（記事「イギリスの危機」⑪九五ページ）

イギリス憲法は、ブルジョアジーと土地貴族とが妥協した支配体制でした。両支配階級の利害を代表

する両政党が連立することで両階級の妥協を体現していた最も立憲的な内閣が崩壊してしまったのです。しかも、それだけではないと彼は書いています。

「四万人のイギリス兵が黒海沿岸で死んだのであり、イギリス憲法の犠牲となったのである。将校団、参謀部……これらすべてが崩壊してしまったのであり、世間の評価において自滅してしまったのである。……ロンドン『タイムズ』……がこの全般的な失敗について述べたのは、裁きにかけられているのはイギリス憲法そのものだということなのだ！　／……貴族は中間階級〔資本家階級〕の定める一般原則に服しながらも、内閣や議会や行政府や陸海軍のなかで最高の支配権をふるっているのだが、――イギリス憲法のこの極めて重要な半分が……。……イギリスを統治するにはもはや無能であることを告白することを強いられてしまったのである。／しかも……ロシアよりもさらに危険なたたかうべき敵がある……。その敵とは商工業恐慌である」（同前、⑪九五～九六ページ）

「中間階級」とは、貴族と貧しい庶民（農民や賃金労働者）との中間に位置する資本家階級・ブルジョアジーを指す言葉です。その資本家階級が一般原則を定めはするが、その枠内で内閣や軍隊の指揮など、公式の統治には貴族があたるというのがイギリス憲法だったというのです。ところが内閣でも軍隊でも、貴族の権威が失墜してしまったのでした。

そういう状況において、商工業恐慌が迫り、普通選挙権の実現を求めるチャーティストと、議会の廃止を主張するアーカート主義者との対立も先鋭化していました。

「現在、チャーティストとアーカート主義者との激しい論争が…数か所で進行している」（MからE宛手紙、一八五六年四月一〇日付。㉙三三ページ）

「『ザ・ピープルズ・ペーパー』紙と『ザ・フリー・プレス』紙との間で生死を賭けた戦争が、より一

般的にいうとチャーティズムとアーカート主義との間で進行中だ」（同前、五月八日付。㉙四二ページ）

チャーティストが求める普通選挙権が実現すると、賃金労働者階級が議会に代表を送りだす可能性が格段に広がります。それは英国立憲制における資本家階級と地主貴族の寡頭支配を掘り崩して民主的な進歩をもたらすことになります。逆にアーカート主義者の主張が実現すれば、議会が廃止されることになります。つまり、チャーティストとアーカート主義者という二つの勢力が英国立憲制を挟んで民主的改造か議会廃止かという相反する二つの方向に引っ張っていたのです。

そういう対立がイギリス国内で深刻化していた時期、パリで国際会議が開かれました。その報道記事で、マルクスはつぎの通り書いています。

「立憲主義《constitutionalism》の苦悶をこの瞬間大英帝国で目撃できるし、立憲主義の破産を一八四八〜四九年の諸革命がヨーロッパ大陸に鳴り響かせた――それが君主達の銃剣に対しても民衆のバリケードに対してもひとしく無力であることを明らかにしながら――のであるが、この同じ立憲主義が、ピエモンテの舞台ではいまや完全な復活を祝おうとしているばかりでなく、支配的な力にもなろうとしているというサルデーニャの代表達の側の考えはかなり遠大なものである」（一八五六年、論説「サルデーニャ」⑫一五ページ）

一八四七年恐慌の後、大陸のフランスでは、立憲主義のオルレアン王政が民衆のバリケードによって破産し、つぎの立憲共和制も銃剣によって破産しました。プロイセンでは憲法をこれからつくる前に君主の銃剣で破産していました。その一八四七年恐慌では革命にならなかった大英帝国の立憲主義体制も、九年後の今回はかなり苦悶しているとマルクスは当時みていたのです。

第三節　立憲主義のサルデーニャ王国主導でイタリアの独立と統一が前進

ところが、フランスなどの立憲主義の破産後も、サルデーニャ王国は立憲主義を維持していました。同国はイタリアのトリノ市を中心とするピエモンテ地方を拠点としており、オーストリア帝国によるイタリア北部の支配に抗議していました。その問題に関して国際会議が開かれ、そこに出席したサルデーニャの代表達は立憲主義の下でのイタリア統一を目指していたのです。

その後、サルデーニャ王国はオーストリア帝国と戦って、ミラノ市などのロンバルディア地方を獲得し、やがてイタリア統一を宣言しました（一八六一年）。立憲主義の下で国家を統一するという遠大な目標を実現したのでした。

第四節　ヘッセン侯国の自由主義的な基本法

ドイツでは、かつてドイツ憲法制定国民議会が開かれたフランクフルト市を中心とするヘッセン侯国で、立憲主義が前進していました。

「一八三一年のヘッセン憲法（Constitution）は、それが規定する選挙方法、すなわち、古い身分（貴族、市民、農民）別の代議士選挙の方法を除けば、かつてヨーロッパで公布された最も自由主義的な基本法とみてよい。執行府の権能をこれほど狭い範囲内に制限し、行政府をこれほど立法府に従属させ、司法官にこれほどの最高監督権をゆだねている憲法はほかにはない。……代議機関は執行府とのあらゆる紛争にあたって、すべての租税、公課、関税を停止する権利をもっている。……一八四八――一八四九年の革命は、一八三一年の憲法にさらに民主的な精神を注入して、身分制の選挙を廃止し、最高裁判所の判事の任命を立法府の手にゆだね、最後に軍隊の最高指揮権を侯の手から取り上げて陸軍大臣に移した、すなわち人民の代議士に対して責任を負う人物にである」（M評論「ドイツのいざこざ」一八五九年、⑬五三三～五三五ページ）

同国の立法、執行、司法という三権分立にマルクスは注目し、代議機関の租税停止権や、執行権の制限、司法官の最高監督権を高く評価しており、それらを自由主義的なものと位置づけています。その上で、身分制選挙の廃止などの前進をさらに民主的なものと位置づけています。

第五節　イギリス――法定労働日という大憲章を獲得

マルクスが「立憲主義の苦悶をこの瞬間、大英帝国で目撃できる」と書いた数か月後、現実に経済恐慌が発生しました。しかし、その苦境を大英帝国は今回も乗り越えていきました。この時期、マルクスはイギリス古典経済学にかかわってつぎのとおり書いています。

「強者の権利は別の形態で彼らの『法治国』にも生き続けている」（M『経済学批判』への「序説」一八五七年。選書一四ページ。⑬六一六ページ）

その法治の実態ということでは、例えば工場で発生した労働災害の当時の裁判はつぎのようなものでした。

「工場主達は無給の治安判事達によって誠実に支持された――ただしその治安判事達とは、たいてい自分が工場主であるか工場主の友人だったのであり、そのような事件については彼らが判決するというようになっていたのである」（『資本論』第三部、KARL MARX・FRIEDRICH ENGELS WERKE――略称MEW――第二五巻原書版九九ページ――『資本論』は邦訳が多く、それらの多くはMEW第二三、二四、二五巻の原書ページ数を記載していますので、本稿では『資本論』からの引用箇所はMEW巻数と原書版ページ数を記載します）

そういう強者の権利が法治においても生き続けている下で、労働災害など、「個々人の発展（individueller Entwicklung）の膨大このうえない浪費」（同前）が続いていたのでした。とはいえ、そういうイギリスでも、労働時間の法的制限の適用が男子成人労働者にも拡大されるようになりました。法定時間を超える自由時間は、賃金労働者にとって人間らしい暮らしの場となり、成長の場となります。

「**時間は人間の発展の場である**」（M『賃金・価格・利潤』選書一七〇ページ、⑯一四五ページ）

そういう労働時間の法的制限について、彼はつぎのように強調しています。

「労働者達は結集し、階級として一つの国法を……強力な社会的バリアを奪取しなければならない。『譲ることのできない人権』(注1)の派手な目録に代わって、法律によって制限された労働日というつつましい大憲章（Magna Charta）(注2)が登場する」（『資本論』第一部、MEW第二三巻三二〇ページ）

（注1）アメリカのヴァージニアの「権利章典」（一七七六年）にでてくる言葉。

（注2）イギリスでは封建的中世に重税など、国王の暴政に貴族や大商人が一致して反抗し、新規課税には高位聖職者・大貴族の集会の承認を要すること、教会や都市の特権を尊重すること、商人の自由交通を許すこと、法に基づかずに逮捕しないことなどを国王に要求し、大憲章（マグナカルタ）として承認させました（一二一五年）。大憲章は王の圧政に対して自由を主張した中世立憲主義の代表的文書であり、現代でもイギリス憲法を構成する法典

の一つとみなされています。

一日の労働時間の法的制限がもつ歴史的意義は、大憲章（マグナカルタ）に匹敵するというのです。それも、粘り強い共同したたたかいによってしか手の届かないものでした。

労働時間の法的制限によって保障される自由時間を賃金労働者は体力・教養・技能の向上や、また組織的活動のために充てることができるようになります。それは彼らに人間らしい暮らしと人間的発達をもたらす基本条件になります。しかも、そういう人間的発達を数世代にわたって蓄積していくと、賃金労働者は階級としても、未来社会の主人公たるにふさわしく成熟していきます。

そこでマルクスは次のようにも述べます。

「工場立法の一般化は、生産過程の物質的諸条件および社会的結合とともに、生産過程の資本主義的形態の諸矛盾と諸敵対とを、したがって同時に、ある新しい社会の形成要素とこの古い社会の変革契機とを成熟させる」（同前、MEW第二三巻五二六ページ）

中世封建時代にイギリスの人々が君主に約束させた大憲章つまりルールが、後の資本主義発展期に立憲主義の原点と振り返られました。つぎは資本主義時代における労働日の法的制限という大憲章・ルールが原点になって新しい社会の形成要素と古い社会の変革契機とを成熟させるというのです。

労働法制以外でも、イギリスでは選挙権が人口比九％程度に拡大され（一八六七年）、さらに男性成人の七〇％へ拡大されていきました（一八八四年）。伝統的な強者の権利が生き続けているなかで、進歩的な諸変革も合法的、合憲的に漸進していったのです。

第六節　ベルギー王国、大陸の立憲主義の模範国がストライキ労働者を虐殺

もう一つの立憲君主制国ベルギーでは、労働者ストライキの弾圧に軍隊が出動するという事件が起き（一八六九年）、その犠牲者支援募金を国際労働者協会（第一インタナショナル）総評議会は呼びかけました。そこにはつぎの叙述がありました。

「文明世界で、どんなストライキでも熱心に、愉快そうに、官憲による労働者階級虐殺のための口実にかえられる国はただ一つしか存在しない。気楽な独身生活を送っているその国とは、ベルギー！　大陸の立憲主義《constitutionalism》の模範国、地主と資本家と司祭の居心地よい、しっかりと垣根をめぐらした、あの小さな楽園である」（M「ベルギーの虐殺」。⑯三四五ページ）

ベルギーで、武装していない労働者達を騎兵や憲兵がサーベルや銃剣で攻撃し、小銃で一斉射撃したのです。立憲君主制という国家形態は同じでも、国によって様子はかなり違っていたのでした。

第七章　民主共和制のアメリカ合衆国

——憲法の字句から外れないで奴隷制度を廃棄

大西洋の向こう側のアメリカでは、奴隷制のある地域とない地域とが合衆国建国以前から並存してい

て、連邦には両者とも加盟していました。そういう事情は、同国憲法にもつぎの通り反映していました。「一州において、その州の法律によって役務または労務に服する義務のある者は、他州に逃亡しても、その州の法律または規則によってかかる役務または労務から解放されるものではなく、当該役務または労務を提供されるべき当事者からの請求があれば、引き渡されなければならない」（第四章第二条〔第三項〕）

建国以前から現実に存在してきた奴隷を、憲法は明け透けに奴隷と書く代わりに、その州の法律によって役務または労務に服する義務のある者という抽象的な表現のなかに含めて書いていたのです。つまり、右の憲法規定の主な含意を明け透けにあらわすとつぎのようになります。

奴隷制度がある州の奴隷は、他州に逃亡しても奴隷主からの請求があれば、引き渡されなければならない。

右の規定を具体化した逃亡奴隷法も存在していました。つまり、合衆国では人を奴隷として所有・売買し、強制労働させることが当時は人権観念と併存していたのです。

「人権を承認している最初の憲法であるアメリカ憲法が同時に、アメリカに存在している有色人種の奴隷制を是認しているという事実は、こうした人権のブルジョア特有の性格をよく示している。すなわち、階級的特権は追放されるが、人種的特権は神聖化されるのである」（E『反デューリング論』選書、上、一五二ページ。⑳一一〇ページ）

第一節　立憲的解決への道を断ち切った南部奴隷州と、憲法を厳守した合憲政府

そのように奴隷制州と自由州とが併存していた合衆国では、奴隷制自体の存廃が国民的大問題になるところまでは、当時まだなっていませんでした。ただし、黒人奴隷を使った大規模農業が盛んだった南部諸州は、北部諸州に対して奴隷制地域の拡大を求めていて、奴隷制地域の拡大を認めるか否かが政治的争点になっていました。そういう情勢のなかで、奴隷制地域拡大に反対の弁護士リンカーンが大統領に当選すると、彼は奴隷制廃止まで主張していたわけではないのですが、南部諸州は合衆国脱退と南部連合結成を宣言しました。

南軍によるサムター要塞への砲撃は、唯一可能な立憲的解決への道を断ち切った

南部諸州は、連邦政府軍要塞に先制的軍事攻撃をしかけて陥落させました（一八六一年四月一三日）。「このときに至ってようやく、連邦防衛のために七万五千人を招集するリンカーンの布告が発せられた。サムター要塞への砲撃は、唯一可能な立憲的解決への道を断ち切った、すなわち、リンカーンが彼の就任演説で提案していたアメリカ国民の全国民的協議会の招集という道を断ち切ったのだ」（M「北アメリカの内戦」。⑮三一四ページ）

南部一一州が反乱に参加し、北部二三州が連邦政府下の合衆国に留まりました。南部反乱州に隣接する境界四州は、自州内での奴隷所有を認めていましたが、連邦政府下に留まりました。連邦政府軍には、マルクスの同志でドイツから合衆国に亡命していた人々も志願しました。

リンカーンは憲法の字句から外れないように細心の注意を払った

ただし、連邦議会も連邦軍も奴隷制ということ自体について廃止論が圧倒的多数だったわけではありません。政府軍には南部反乱州出身者も含まれ、反乱軍に内通する将軍や、反乱軍に寝返る軍人もいました。そういう複雑な状況において大統領も議会も奴隷制廃止という方針をもちこむことは一切しませんでした。反逆者鎮圧という一点だけに絞ったのです。

その反逆者の財産を没収する法律を連邦議会は制定しました（八月六日）。没収財産には奴隷も含まれることになっていました。ただし、解放対象を軍事目的に直接使用されている奴隷に限定していました。このとき、境界四州の一つであるミズーリ州の連邦政府軍司令官フレモントが、反乱に参加した人が所有する奴隷を限定なく全員解放するという布告をだしました（八月三〇日）。それは、反逆者財産没収法が定めていた軍事目的に直接使用されている奴隷という限定から逸脱したものでした。その布告を訂正して反逆者財産没収法の限定に一致させるようにリンカーン大統領は命令し、フレモントが拒否すると、彼を罷免しました（一〇月）。

「リンカーンは弁護士としてのしきたりにならい、〔フレモント式の〕独創をすべて嫌い、憲法（Konstitution）の字句から外れないように細心の注意を払い、また、境界諸州の〔連邦政府に〕『忠誠な』奴隷所有者が動揺しかねない措置に踏みだすことをどれもはばかる」（M「フレモントの罷免」⑮三六四ページ）

その憲法の字句はつぎの通りでした。

「連邦議会は、反逆罪の処罰を宣言する権限を有する」（第三章第三条）

右の通り、反逆罪の処罰について権限を有すると憲法の字句に書いてあるのは連邦議会なのであり、その連邦議会が定めた軍事目的に直接使用されている奴隷という限定から逸脱しないように、大統領は執行を厳格に制限したのです。マルクスが指標と呼んでいた「代議制度と執行権力の制限」を、執行権力そのものの代表者であるリンカーン大統領自身が率先して厳守したのです。同時に、境界四州の奴隷主が敵にまわらないようにも配慮したのです。

リンカーンは、憲法に基づいて陸海軍総司令官と自署したいくつかの命令を発した

そういう配慮が必要ということでは、南部反乱州出身者を少なからず抱えている連邦政府軍もそうでした。そのなかには、南部反乱諸州との妥協を主張する人物もいました。そのトップは総司令官マクレランでした。そういう複雑な状況で開戦してから一年ちかく経過したころ、大統領は陸軍長官を法律家に代えました。そして、各軍管区司令官達への発令と、同司令官達からの報告先とをすべて陸軍省に一元化しました。

「最後にリンカーンは、憲法に基づいて彼に帰属する職権である『陸海軍総司令官』と自署したいくつかの命令を発した」（M「アメリカ問題」、⑮四五五ページ）

マクレランの総司令官という地位を公然と剥奪することまではしないで、しかし全軍の指揮権を大統領――陸軍長官の下に厳格に一元化することによって、マクレランの指揮権を実質的に取り上げたのです。さらにリンカーン政権は、反乱軍に内通する軍人を逮捕・起訴し始めました。

「それは半年前だったらおそらく彼に大統領の地位を失わせたかもしれないし、二、三か月前でも嵐のような議論を巻き起こしたであろう」（同前）

リンカーンは内戦の進行に伴う世論の変化を慎重に見極めていたのです。その上で、憲法に基づく大

統領職権を毅然と行使して、連邦政府の軍事機構と官僚機構を実態的にも掌握したのでした。

第二節　革命的な戦争——憲法の字句から外れないで旧制度を廃棄

世論と情勢はさらに変わっていきました。

「南部は奴隷達に生産的労働を任せていたので、何の差しつかえもなく全戦力を戦場に投入することができた。南部は統一的な軍事指揮をもっていた。北部はそうではなかった。……これらのことはすべてつぎの局面に移るだろう。…／……このような戦争は革命的に行なわれるに違いないということ、そして（und）、ヤンキーはこれまでは戦争を立憲的に遂行しようとしてきたということだ」（MからE宛一八六二年八月七日付手紙。㉚二二〇～一ページ）

「我々はこれまで内戦の第一幕——すなわち立憲的な戦争遂行の幕をみてきただけである。革命的な戦争遂行の幕が目前にせまっている」（M論説「アメリカの事態の批判」⑮五〇一ページ）

憲法に基づいて反乱を鎮圧する立憲的な戦争遂行が革命的な戦争遂行に移行するというのです。どういうことなのでしょうか？

右の言葉に続けて、マルクスは「議会はその第一会期中に一連の重要な法律を公布した」（同前）として、新法の内容を紹介しています。

「反逆者の所有する奴隷はすべて共和国軍の手中に帰したならば、ただちに解放されなければならないことになっている。現在初めて施行されようとしているもう一つの法律は、これらの解放された黒人を

戦闘部隊に編制して、南部との戦いに送り込むことができると規定している」（同前、⑮五〇二ページ）

今回の新法では、反逆者の所有する奴隷の解放対象が「すべて」に拡大されていました。これまであった、軍事目的に直接使用されている奴隷という限定を外していたのです。ただし、それはあくまで反逆者に関することであって、境界諸州の忠誠な奴隷所有者には適用外でした。

「リンカーン大統領は法律家風に注意深く、立憲的に調停しようとし、……『忠誠な』奴隷所有者達……との公然たる決裂を避けようとしているのであり、そしてまさにそのせいで、諸事件によってますます前面に押しだされてくる北部の断固〔奴隷解放を主張する〕原則的な諸党派と衝突を引き起こしている」（M論説「アメリカにおける奴隷制廃止論者の声明」⑮五〇五ページ）

そういう情勢のなか、大統領は新法に基づいて歴史的な一歩を踏みだしました。

奴隷制廃止宣言＝アメリカ旧制度の廃棄

奴隷解放令を布告したのです（九月）。このとき、マルクスはつぎのように書きました。

「彼が敵に向かって投げつける最も恐ろしい、歴史上永久に記憶されるべき諸法令はすべて、弁護士が相手方の弁護士に送達する日常的な召喚状や、法律上の策略と細々した但し書きをつけた訴状のようにみえるし、またみえるように努力している。同じ特徴を帯びているのが彼の最近の布告なのであり、アメリカ史上合衆国創立以来最も重要な公式文書、アメリカ旧制度（Verfassung）の廃棄、彼の奴隷制廃止宣言なのである」（評論「北アメリカの事件について」⑮五二八～九ページ）

その宣言は、解放対象を反逆者の所有する奴隷「すべて」に拡大していました。ただし、解放対象をあくまで「反逆者」の所有する奴隷に限定していました。反逆不参加の境界州において、反逆に参加せ

連邦政府軍の黒人兵部隊が南部反逆軍の砦を陥落させる様子。
『Storming Fort Wagner』(ワグナー砦の強襲)、1890年ごろ。Kurz & Allison 画、アメリカ合衆国連邦議会蔵。ワグナー砦はサウス・カロライナ州モーリス島の要塞

ずに連邦政府への忠誠を続けている奴隷主が所有していた奴隷は解放対象外でした。今回も、反逆罪の処罰という憲法の字句から外れないよう厳格に限定したのです。

そうではあっても、多くの元奴隷が合憲政府軍に入隊し、反逆者となった元主人達の軍隊とたたかって未解放奴隷を解放し、そうして新しく解放された元奴隷も解放戦争に参加するという循環が始まりました。奴隷制という旧制度(Verfassung)を廃棄する革命的な戦争遂行の幕が開いたのです、——ただし、あくまで憲法(Konstitution)の字句から外れないように細心の注意を払いながらです。

連邦政府は奴隷のために自由を買いとる代償として大金を支払った

そのころ、境界諸州でも情勢が変化し始めました。

「本来の奴隷制諸州が境界諸州を掌握する上で

依拠しているのは、もちろん、境界諸州内の奴隷制という要素であり、それは連邦政府に奴隷制反対闘争で宥和的および立憲的な配慮を強いている要素そのものである。この要素はしかし、実際には内戦の主要戦場である境界諸州において、内戦そのものによって消失しつつある。奴隷所有者の一大部分が、自分の財産を安全にするため、自分の〝black cattle（黒い家畜）〟を連れて絶えず南部に移住しているのである」（M「北アメリカの情勢」⑮五三四〜五ページ）

境界諸州では奴隷主達の間で、南部に移住する人々、南軍に参加する人々、連邦政府への忠誠を継続する人々への分解が進み始めたのでした。

「後には『穏健な』奴隷所有者が沈殿物のように残るだけであり、やがて彼らは、その『黒い家畜』のために自由を買いとる代償としてワシントン〔の連邦政府〕から彼らに提供された大金（Sündengeld）を貪り取るだろう」（⑮五三五ページ）

反逆しない穏健な奴隷所有者に対しては、奴隷を手放すことへの代償として、大金を連邦政府は支払いました。とほうもない大金を意味する「Sündengeld」の「Sünden」はドイツ語で「罪」を意味します。「geld」はお金です。人間を奴隷として所有し、その人間を自由にすることと引き換えに貪る身代金をマルクスは「Sündengeld」と書いたのです。

ただし、道徳上の問題は別として、法律上の問題としては、そういう奴隷所有を従来の米国憲法は禁止しておらず、法律も認めていました。そうである以上、合憲・合法の所有権を手放すことに連邦政府が代償を支払うのは、立憲的な配慮ということになります。革命的な戦争遂行の過程でも、反逆しない奴隷主に対して、連邦政府は立憲的な手続きを厳守し続けたのです。

分解の兆しは南部反逆諸州の間でもあらわれました。最も基本的な軍事資源である兵員確保が限界に達し始め、ジョージア州で徴兵拒否者が逮捕されたときに、同州最高裁判所が南部連合議会の徴兵法は無効と宣言して即時釈放を命じたのです。類似の紛争は他の南部諸州でも起こり始めました。〝南部連合中央政府〟と自称する不法統治者は、合衆国連邦からの分離があたかも合憲的であるかのようにごまかしてきたのですが、その分離合憲論の矛先がいまでは〝南部連合中央政府〟自身へ向かい始め、その統制に服さない州が南部にでるようになってきたのです（注、Ｍ「南部連合崩壊の兆候」、⑮参照）。

国際労働者協会は、奴隷所有者の反乱を厳しく非難

それから二年後、リンカーンが大統領に再選され（なお、このときに落選した対抗馬は元総司令官マクレランでした）、国際労働者協会総評議会は祝辞を送りました（一八六五年一月）。マルクスは起草した祝辞で、アメリカを「そこから最初の人権宣言が発せられて一八世紀のヨーロッパ革命に最初の衝撃が与えられたまさにその場所」と称え、南軍の反逆を「奴隷所有者の反乱」、「反革命」と呼んで非難しました（以上「」内は⑯一六ページ）。その祝辞にリンカーンは謝意を返しました。

そのころ、奴隷および苦役禁止を定める憲法修正第一三条を憲法に加える手続きが、憲法そのものの改定規定（第五章）に基づいて始まり、その批准が各州で進められました。やがて南軍は降伏しました（四月九日）。立憲主義への反逆者の敗北――合憲政府による鎮圧戦争勝利として事態は決着したのです。

いまになってついに分かったのです――機の熟するのを待って歩を進めたことが

ところが、それから間もなくリンカーンが暗殺されました（四月一四日）。国際労働者協会は弔文を送り、そのなかでつぎの通り表明しました。

「いまになってついに分かったのです。……彼が逆境にあってめげず、成功に酔うことなく、毅然として自己の偉大な目標に向かって進み、盲目的に急いでその目標を危うくすることなく、ゆっくりと、機の熟するのを待って歩を進め……たことが」（M起草、⑯九四ページ）

リンカーンは、奴隷解放にはやるフレモント司令官を解任しました。彼の政府は、境界州の穏健な奴隷所有者に奴隷解放の代償として大金を支払いました。そういう彼は、盲目的に急いでその目標を危うくすることなく、ゆっくりと、機の熟すのを待って歩を進めていたのだということがマルクス達はいまになってついに分かったというのです。リンカーン自身の言葉を借りれば、「憲法上の制限と制約とによって抑制されている多数」が、「世論と人々の感情の慎重な動きにしたがって順次に変化してゆく」（注）ことは、何によっても威圧することのできない巨大な力を生みだします。民主共和制と普通選挙権の下、憲法の字句から外れないように細心の注意を払いながら、偉大な目標が成し遂げられた全く新しい歴史のダイナミズムを同時代史的に目の当たりにした痛切な思いが、弔意と一体に表明されたのでした。

（注）「」内は大統領就任演説、一八六一年三月四日。岩波文庫『リンカーン演説集』一〇一～二ページ。

憲法の字句に奴隷および苦役禁止を加える修正が憲法改定規定に則って成立

やがて、憲法修正第一三条が発効し、奴隷所有禁止が南部一一州や境界四州も含め、全国で確立されました（同年一二月）。「旧制度（Verfassung）の廃棄」という革命的進歩が「憲法（Konstitution）の字句」に則って進められ、憲法の字句そのものの上に新たに書き加えられました。その憲法修正発効の瞬間まで、従来の憲法規定は一字一句厳守されました。このようにして奴隷制廃止という人類史的な成果に手が届いたのです。立憲主義の破産（仏独）、苦悶（英）、復活（伊）についてマルクスが書いてから数年後、立憲主義の強靭な威力と制度的修正可能性が民主共和制の合衆国において壮大な規模で実証されたのです。

ただし、人種差別や偏見は根強く残って、アメリカ先住民(いわゆるアメリカ・インディアン)は土地を奪われていきました。

第三節　アメリカやイギリスにおける社会発展の平和的・合法的進行の可能性

アメリカやイギリス、おそらくオランダは、労働者が平和的な手段によって目標に到達できる国

南北戦争終結から七年後、マルクスはオランダでつぎのように発言しました。

「私達は、それぞれの国の制度や風習や伝統を考慮しなければならないということが分かっていますし、アメリカやイギリスのように、そして私があなた方オランダの制度をもっとよく知っていたならば、おそらくオランダもそれにつけ加えるでしょうが、労働者が平和的な手段によってその目標に到達できる国々があることを、私達は否定しません」(一八七二年、国際労働者協会「ハーグ大会についての演説」⑱一五八ページ)

アメリカでは、大統領選挙敗北という政治的劣勢に立った南部諸州が非平和的な反逆に踏み切って、軍事的には先手必勝の優勢を得たのですが、その引き換えに法的正当性を喪失しました。しかも、民主憲法という国民同士の〝契約〟を南軍が先に破ったという事実そのものが南軍への支持を削ぐ方向に働き、政治的劣勢が一層進み、やがて軍事的な力関係も逆転して敗北しました。後には深刻な犠牲と破壊が残りました。その廃墟に、憲法破壊の反乱は百害あって一利なしという国民的教訓が残ったのです。
類似の教訓をイギリスも二世紀前の清教徒革命から得ており、名誉革命以降、諸変革を合法的、合憲的に進める伝統が定着していました。そのように、憲法を遵守することの重要性が歴史的な国民的体験を通じて定着している両国では、労働者が平和的な手段によってその目標に到達できるというのです。

英米両国では労働者が議会で多数を占めれば合法的な社会発展が可能

それから六年後、マルクスはつぎのようにも書いています。

「歴史的発展は『平和的』であり続けることができるが、ただしそれは、ときの社会的権力者の側の強力的妨害が道をさえぎることがないかぎりのことである。例えば、イギリスやアメリカ合衆国において、労働者が国会あるいは議会で多数を占めたとすれば、彼らの発展の道を邪魔している諸法律や諸制度を彼らは合法的な道で排除できることになる、――もっとも、それらのことが社会的な発展にとって必要である場合だけのことなのだが。それでもなお、『平和的な』運動は、古い状態を利益とする人々の犯行によって『強力的な』ものに転換するかもしれない、――その場合は彼らは（アメリカの内乱やフランス革命のように）強力によって打倒される、――『合法的な』強力に対する反逆者として」（メモ〔社会主義者取締法案に関するドイツ帝国議会討論の概要〕――以下、「取締法案メモ」と略。選書『多数者革命』収録――以下、『多数者』と略――九六ページ。㉞四一二ページ）

立憲主義のイギリスでは、工場法改定による労働時間の制限や、選挙権の拡大が進んでいました。逃亡奴隷法などが奴隷解放を邪魔していたアメリカ合衆国では、憲法の改定条項に則って奴隷制度を排除できました。それらの歴史的先例のように、英米両国では議会で多数を占めたとすれば、社会発展の道を邪魔している諸法律や諸制度を合法的な道で排除できることになるというのです。それに対して脱法的に反逆するならば、アメリカの南軍のように、合法政府によって鎮圧されることになる、というのです。彼は、英国における合法的、合憲的漸進や、合衆国における憲法の字句に則った旧制度の廃棄という同時代史的に進行する現実を直視し、その貴重な意義を的確に位置づけたのでした。

第八章　プロイセン国憲紛争と偽装立憲主義

そういう英米両国と違い、既存の体制が提供している法的な手段を使って新しい体制に移行させせようとする試みを破産させておきながら、同時に全立憲主義をまねて茶化したプロイセンに、本章では舞台を戻します。同国ではマルクス達の出国後、欽定国憲が正式に確定されていました（一八五〇年）。

第一節　プロイセン欽定国憲

国家予算は法律でこれを確定する

同国憲は予算や租税についてつぎのように定めていました。

「国家予算は、毎年、法律でこれを確定する」（第九九条）
「国庫のための租税および公課は、国家予算に計上され、または特別法によって命じられた場合にのみ、これを徴収することが許される」（第一〇〇条）

予算も徴税も法律による裏付けが必要だというのです。その法律は、国王と両議院の一致を必要とする（第六二条）規定になっていましたので、国王・第一院・第二院のいずれかが拒否すれば成立しない仕組みになっていました。

工業的発展全体と恒常赤字や国債とによって、立憲主義の手のなかへ落ちていく

欽定国憲をもつ同国では、産業革命が進んで資本家階級と賃金労働者階級が成長していました。第二院では、大ブルジョアも議席を得て、税金と予算の議決に参加するようになりました。他方、国債の引き受け手も主にブルジョア・資本家階級であり、国債と引き換えに資金を提供するか否かは彼らの自由でした。つまり、税収（徴税）であれ、国債発行であれ、国家運営のための資金調達の成否を資本家階級の意向が左右するようになったのです。

「〔古い絶対君主制だった〕プロイセンは、その工業的発展の全体と恒常赤字や国債とによってかなりブルジョア化してもいたので、どんなにあがこうが抗おうが、ますますどうしようもなく〔より進歩的な〕立憲主義《Konstitutionalismus》の手のなかへ落ちていくことになった」（『新ライン新聞、政治経済評論』掲載ＭＥ共同執筆「評論」一八五〇年一一月、⑦四六六ページ）

国家財政の最大のスポンサーである資本家階級が求める立憲的ルールを、政府が尊重せざるをえなくなっていくことが期待されたのでした。

プロイセン立憲主義のひ弱な本性

そういう状況で国王が精神病を発症し、王太弟ヴィルヘルム一世が「しばらくの間……神のみに責任を負って、摂政として……王権を行使するよう」に求める勅書が発せられました。王太弟は「国憲第五六条に基づいて」「摂政職につく」と教書で答えました（一八五八年）(注)。新摂政は王妃の影響力を断つため、王妃周辺に封建的守旧派が結集していたのに対抗して、穏健自由主義者からなる新内閣を任命しました。そこには、一〇年前の革命期に閣僚だった人物も入閣していました。

（注）以上「」内はM論説「プロイセン国王の狂気」、⑫五七五ページ。

それを機に、同国は時代が転換して自由主義的・立憲主義的な方向に前進し始めたかにみえました。第二院第一次選挙では封建的守旧派が後退して自由主義者が、それも急進自由主義者が多数当選しました。立憲主義的な前進にさらに弾みがついたかのように見えました。このときの同国資本家階級について、マルクスはつぎのように書いています。

「彼らの目や心中には〔一八四八年〕革命についていまだに生々しい記憶がある。そして最後に、摂政王太弟が怯えて彼の新しい立憲主義《constitutionalism》から逃げだすようなことになってはならない〔と穏健自由主義者は心配している〕」（論説「プロイセンの事態」⑫六一〇ページ）

プロイセンの資本家階級は、第一次選挙の結果に民衆が勢いづいて、革命の再来へ進み過ぎてもいけないし、革命再発の不安に王太弟が怯えて立憲主義的な新機軸を撤回してしまってもいけないと心配したというのです。

そのとき、政府は一つの通達を公表しました。通達は郡長達に対して封建派であれ、急進自由主義派であれ、「どちら側にせよ極端な意見の候補者を支持しないように警告」していました（〔〕内は同前、六一八ページ）。このことをマルクスはつぎのように論評しました。

「通達は、摂政の新奇な立憲主義《constitutionalism》を試すかのようなことはどんなこともしないよう中間階級〔資本家階級〕に好意で警告したものだった」（同前、⑫六一九ページ）

〝第二次選挙で引き続き急進自由主義者が進出しても、立憲主義がそのまま守られるか否か試す、などというようなことはしない方がよい〟と警告したというのです。その後、第一次選挙を通過してきた急進自由主義者達は、警察の圧力に屈するなどして、第二次選挙への立候補を辞退するようになりました。第二次選挙の選挙人集会では、収税総監・市長・高等法院長官・枢密顧問官などが代議士に選出されました。そういう結果をマルクスはつぎのように評価しました。

「プロイセンの立憲主義《constitutionalism》のひ弱な本性とは、自分自身の〔第一次選挙〕勝利の大きさに恐れをなしてしまったほどのものなのである」（同前、⑫、六二六ページ）

立憲主義の授業をイギリスから受けるプロイセン外交

そのころ、イタリア北部を支配していたオーストリア帝国とサルデーニャ王国とが戦い、後者を支持してフランスも参戦したのですが、その際、プロイセンが仲裁役を買ってでようとしました（一八五九年）。

「プロイセンの外務大臣は、イギリス〔の外務大臣〕から立憲主義《constitutionalism》の講義を謙虚に拝聴し、〔絶対主義のロシア帝国外務大臣〕ゴルチャコフ公の前では卑屈に平伏し、〔フランスの〕十二月の人〔ルイ・ボナパルト皇帝〕（注）とはラブレターを交わし、オーストリアの同輩〔外務大臣〕には偉そうに眉をしかめる。そのあげく、彼の仕事相手は全員そっぽを向く」（M論説「ベルリンの公衆の気分」⑮三八ページ）

（注）ルイ・ボナパルトは一二月にクーデタを決行しました。また、「一二月党」という名の私兵集団を率いていました。

このようにプロイセンが各国に根回ししているつもりでいた矢先、事態が急変しました。仏墺両皇帝が突如会談し、講和してしまったのです。

「講和のせいで、プロイセンは全ヨーロッパの前で間抜け者という大恥をかいた。そこで、同国が立憲主義《Konstitutionalismus》における大進歩――その進歩はその国債の幾何級数的累増からわかる――のおかげで考えた善後策とは、〔英国政府が発行している外交〕青書を自分達も発行して〔大恥という傷口を〕絆創膏のように覆うということだった」（M評論「とり違え」⑬四五四ページ）

プロイセンでは、国債の累増によって、政府の資本家階級への借金――財政依存が深刻になっていました。資本家階級が求める立憲主義を、摂政王太弟も尊重するかのような姿勢をみせていました。そのプロイセン政府が外交失態を弁解するために、各国と交わしてきた外交文書を新聞に発表しました。それをマルクスは、立憲主義のイギリス政府が公式報告を青表紙で発行している「青書」になぞらえたのです。同国では、有権者公衆が選ぶ代議制議会が政府の執行権力を監督する下、政府が公衆に議会資料と外交文書を「青書」で報告していました。その立憲的慣行をプロイセンも「立憲主義《Konstitutionalismus》の生徒」（同前、⑬四六九ページ）として見習ったというのです。

第二節　国憲が定めた議会の予算承認なしに宰相ビスマルクが軍拡を強行

より体裁のよい立憲主義という形態の強み

右の通り、そっぽを向いたオーストリア帝国と、大恥をかかされたプロイセン王国とは、ドイツ地域の二大国として競い合っていたのですが、前者と対比して後者には若干の強みがありました。そのことについて、二人は「プロイセンの軍備」という論説でつぎの通り指摘しました（一八六〇年）。

「プロイセンのホーエンツォレルン王朝の強み、すなわち、より体裁のよい立憲主義《constitutionalism》という形態の下で、官僚と軍人との昔ながらの利益をはかるという強み」（⑮一八一ページ）

絶対君主制に戻ってしまっていたオーストリア帝国と比べて、立憲主義という形態をとっている分、体裁がよいというのです。そのプロイセンでは国王が亡くなり、王太弟が新王に即位しました（ヴィルヘルム一世）。

高くつく立憲主義の下で軍制改革が進行

体裁のよい立憲主義という形態をとっていた同国の予算審議について、そのころ、エンゲルスはつぎのように書いています。

「一八四八年以来数年でもうあんなに多くの金がかかり、国債があんなに増え、税金があんなに上がってしまった後で、可決しなければならないこの大量の資金！　――先生方、皆さんは世界で最も若い立憲的国家の代議士である。なのに先生方はご存知ないのか？　その立憲主義《Konstitutionalismus》とは世界で最も高くつく統治形態なのだということを」（論説「プロイセンの軍事問題とドイツ労働者党」⑯五六ページ）

ブルジョアジーの参政権は、納税義務（や国債引き受け）と、いわば引き換えだったのであり、それがブルジョアジーにとって高くつくというのです。国債と税金によってブルジョアジーから集めた大量の資金は、では一体何に使われていたのでしょうか？　正規軍定員増、兵役期間延長、市民的性格の強い国土防衛隊の縮小などの軍事制度改革に使われていたのです。

ビスマルクの国憲違反強行と議会の屈服

それに対して第二院は予算承認を否決し（一八六二年三月）、解散総選挙後も再度否決しました（六二年九月）。こういう事態が生じた背景について、エンゲルスはつぎのように書いています。

「もし反動派の主要な道具、つまり軍隊を倍増すれば、反動の強化になるのではないか？　――これは進歩的ブルジョアが解決不可能な葛藤に自分で陥っている一分野である。……なぜなら彼らは、この増強が反動を利するだけだということを恐れているからであり、没落した将校貴族を台頭させ、また全般的に封建的な官僚的＝絶対主義的党派に全立憲主義《Konstitutionalismus》を一撃のクーデタで葬りさる力を与えることになるのを恐れているからである」（同前）

右のように二人はその当時まで、欽定国憲下のプロイセン王国について、立憲主義という言葉に「ひ弱」、「生徒」、「体裁のよい」などという修飾をつけることはあっても、一応、立憲主義という言葉を使っていました。ところが、宰相に任命されたビスマルクは、議会に対してつぎのように宣言しました。

「現下の大問題が決着するのは、言論や多数決によるのではない――それが一八四八年と一八四九年の大きな誤りだったのだ――、そうではなくて鉄と血によるのである」

彼は、〝予算案を議会が多数決で否決しても、鉄でできた剣や銃をもつ軍隊を使い、血を流してでも、税金を取り立てる〟と脅したのです。彼は予算法不成立のままで四年間も統治を強行しました。

自由＝息をするのに必要な空気の獲得をめざす

このとき、エンゲルスは祖国の同志をつぎの通り励ましました。

「選挙権を拡張させ、出版、結社、集会を自由にさせ、そのことによってプロレタリアートのために、自由に運動し組織することのできる場をつくりだすようにさせることである。……これらの自由なしには労働者党自体、自由な運動をすることができない。この党は、このたたかいにおいて、自分自身の本来の生存条件、彼らが息をするのに必要な空気を獲得するためにたたかう」（同前、『多数者』二八～九ページ、⑯七四～五ページ）

君主制下、議院の予算承認権蹂躙という事態に面しても、選挙権の拡張や出版、結社、集会という立憲的な自由を勝ち取るために粘り強く頑張るように助言したのです。その際に彼は、労働者党の独自組織を維持しながら、同時に、進歩党（注）が普通選挙権支持などの真の進歩に向かうように働きかけるようにも助言しました。

（注）進歩党はプロイセンの政党（一八六一年創立）。プロイセン主導下のドイツ統一や、第二院に対して責任を負う自由主義内閣の設立などを要求しましたが、普通選挙権や結社・集会・出版の自由は支持しませんでした。後に、右派が分裂して国民自由党を結成し、ビスマルク政府に協力しました。

普墺戦争勝利、北ドイツ連邦結成、予算立法なしの統治の事後承認

軍備を増強したプロイセンは同国主導の北ドイツ連邦結成を求め、それに反対するオーストリアと開

戦し、勝利しました（一八六六年。普墺戦争）。戦勝後、プロイセンは北ドイツ連邦結成に進み、ドイツの統一が半分実現しました。ビスマルクは、〝戦前の時期の予算立法なしの統治を議院が事後承認する代わりに、政府は今後の財政運営を予算に基づいて行なうことを約束する〟という事後承諾法案を提出し、それを議院も可決しました。

「紛争ではブルジョアジーはビスマルクに勝てなかった。この紛争がドイツの上からの革命化によって片づけられたことは、執行権力がさしあたってはまだ彼ら〔資本家階級〕にせいぜいごく間接的にしか依存していないのだということ、彼らには閣僚を罷免したり押しつけたりすることも軍隊を自由にすることもできないのだということを、いっそうはっきりと彼らに思い知らせた」（E「歴史における暴力の役割」、㉑四五四ページ）

各領邦国家ごとに支配者や法制度などが違っていると、それは商工業ブルジョアジーにとって取引の障害になります。そういう障害を、関税同盟の締結は少し低くします。さらに統一国家になれば、資本主義経済はもっと発展しやすくなります。そういう社会発展の障害を取り除く革命的な前進が、北ドイツ連邦の結成によって半分実現したのです。ただし、資本家階級によってではなく、ビスマルクの指導によって上から進められたのでした。それを資本家階級、議院第二院も事後承諾して、国憲紛争が決着したのでした。そういう経過に照らして、同国では昔ながらの封建的、絶対主義的な官僚と軍人が握る執行権力が依然として強い独自性を保持していることが明確になったのでした。

第三節　ドイツ諸国の政府はもはや絶対ではなくなり、偽装立憲主義に

普墺戦争後、北ドイツ連邦が成立して普通選挙権に基づく議院が実現

普墺戦争に先立ち、ビスマルクは北ドイツの人々を味方につけるために、北ドイツ連邦形成後に直接普通選挙制を導入することを約束していました。約束通り、戦後に北ドイツ連邦議会の普通選挙（注）が行なわれました。選挙では社会民主労働者党も参加し、リープクネヒトとベーベルが当選しました。

（注）普通選挙権成立は北ドイツ連邦議会選挙に関することであって、プロイセン議院第二院は三級間接選挙制が一九一八年のドイツ革命まで続きました。

リープクネヒト（後）とベーベル（前）

二人の当選を受けて、マルクスは祖国の労働者階級と党がイギリスの工場立法の歴史、内容、成果から学んで、法律による労働時間制限などのために活用するように勧めました（注）。北ドイツ連邦が軍国主義のプロイセン王国主導であっても、普通選挙に基づく議院が成立した以上は、それを最大限有効に活用しようというわけです。

（注）一八六七年、『資本論』第一部初版序文、MEW第二三巻一五ページ参照。

エンゲルスも当時、つぎのように述べています。

「普通選挙権のおかげで、最終決定が最も多数で最も貧しい諸階級に属するようになった」（『資本論』書評、選書一五〇ページ。⑯二〇九～二一〇ページ）。

偽装立憲主義のために弱められたドイツ諸国政府

その後、マルクスはつぎのように書いています。

「いまでは、プロイセンその他、ドイツの諸地域の人民大衆ははるかに発展しており、しかもプロイセン政府や他のドイツ諸国の政府はもう絶対ではなく偽装立憲主義（mock constitutionalism）〔ii〕という足かせのために弱められている」（ポール・ラファルグ宛の一八六九年六月二日の手紙。㉜五〇二ページ）。

旧来の官僚と軍人が握る執行権力を代議制議会が制限するのでなく、逆に事後承諾するわけですから、そこにあった立憲主義なるものは偽装にすぎませんでした。しかしそうではあっても、立憲主義を標榜する以上、ドイツ諸国の政府はもう絶対ではなくなっているというのです。

第九章　外見的立憲主義のドイツ政府の弾圧に抵抗権を行使

第一節　ドイツ帝国結成——外見的立憲主義

ビスマルクはさらに軍備を増強した上で、フランス皇帝を挑発しました。その挑発にのってフランス軍がドイツに侵入すると撃退してフランスに攻め込みました。フランスは帝政が崩壊して共和制になりました。プロイセンは勢いにのってドイツ南部まで勢力下に組み込み、オーストリアを除いた形でドイツを統一しました（一八七一年一月）。そして、ドイツ諸侯の合意によるという形でドイツ帝国国憲を制定しました（同年四月）。こうして現代にいたる独墺両国併存の原形ができました。

ドイツ帝国国憲は、プロイセン国王の皇帝即位（第一一条）と、帝国宰相任命権（第一五条）や軍隊命令権（第六三条）などを定めていました。他方、連邦参議院（——王侯などで構成）と帝国議会（——普通直接秘密選挙で選出された議員で構成）との一致による立法（第五条）や、毎年度予算の法律による決定（第六九条）などを定めていました。その国家形態について、エンゲルスはつぎのように描いています。

「プロイセンで（そしてその先例にしたがってドイツの新帝国体制の下でも）……発展してきた国家形態は外見的立憲主義（Scheinkonstitutionalismus）（注）〔ii〕である。この形態は古い絶対君主制の今日における解体形態である……。プロイセンでは、一八四八年〔の三月革命〕から一八六六年〔の普墺戦争〕までの外見的立憲主義は、絶対君主制の緩慢な腐朽を隠蔽し媒介したにすぎなかった。しかし、一八六六年以来、とりわけ一八七〇年〔の普仏戦争〕以来は社会状態の変革が、そしてそれとともに古い国家の解体が万人の目前でますます大規模に進んでいる。産業の、とくに株式市場のいかさま取引の急速な発展は、すべての支配諸階級を投機の渦に引き込んだ。一八七〇年に〔敗戦国〕フランスから〔の賠償金とともに〕もちこまれた大掛かりな腐敗は聞いたこともない速さで広がりつつある。……大臣、将軍、侯爵、伯爵、だれもかれも……株に憂き身をやつして……いる。……古い国家のあらゆる要素の分解……がさかんに進行しているのである」（『住宅問題』一八七二年⑱二五四～五ページ）

（注）右の「外見的立憲主義」という箇所を『日本資本主義発達史講座』（一九三二～三三年。岩波書店）は引用しています（平野義太郎氏執筆「ブルジョア民主主義運動史」二一～二二ページ）。同『講座』は、戦前日本の明治憲法や帝国議会などが立憲的に装っているのは「外見」だけであることを解明しました。同『講座』には「立×主義」ともあります（平野氏執筆「議會および法制史」一〇ページ）。伏字（×）は、絶対主義的天皇制当局の検閲による傷跡です。

エンゲルスは国憲欽定以来のプロイセン王国、及びドイツ帝国の国家形態を外見的立憲主義と呼び、その発展過程を二つの時期に分けて捉えています。

前半は、三月革命以来同国が全立憲主義をまねて茶化した一八四八年から一八六六年までの時期です。前半段階では、外見的立憲主義は絶対君主制の緩慢な腐朽を隠蔽し媒介したにすぎなかったというのです。後半は、北ドイツが統一された一八六六年以来、とりわけ全ドイツ統一に進んだ一八七〇年以来の時期です。統一市場の形成を妨げていた封建的領邦国家群への分裂が解消されて資本主義経済の発展が加速され、封建領主階級の資本主義への適応が進み、高級官僚のなかには資本主義的経営者に転身する人もでてきました。さらに、産業の、とくに株式市場のいかさま取引の急速な発展は、すべての支配諸階級を投機の渦に引き込みました。

こうして、絶対君主制を支えてきた封建的な経済的・階級的基盤そのものの資本主義的変革が進行したのです。しかも、敗戦国フランスから流入した多額の賠償金が投機熱に拍車をかけ、大臣、将軍、侯爵、伯爵など、古い絶対君主制国家の上層支配層までが株に憂き身をやつすようになり、なかには投機に失敗して破産する人もでてくるしまつでした。こうして古い国家の解体、古い国家のあらゆる要素の分解が進行して、外見的立憲主義は古い絶対君主制の解体形態にまでなっていたのです。

つまり、外見的立憲主義は、絶対君主制の緩慢な腐朽を隠蔽し媒介した前半期を経て、古い絶対君主制の解体形態に転化したと彼はみていたのです。そういう外見的立憲主義の下、社会民主労働党のベーベルが普通選挙権を活用して帝国議会補欠選挙で獄中当選しました（一八七三年一月）。この年、世界的な経済恐慌（～一八七九年）が始まりました。

ところで、プロイセン王国主導で成立したドイツ帝国に編入されたバイエルン王国などの南部ドイツではカトリック教徒が多く、プロテスタントを国教としているプロイセンに対する反発がありました。それを抑えるためにドイツ帝国政府が教会活動を制限する五月法を制定すると、同法による制限をカトリック教会は拒否しました。翌年、カトリック職人組合員がビスマルク首相を射撃しました。その事件に関して、エンゲルスはつぎのように書きました。

「ビスマルクは撃たれた手首を無駄にはしない。それはきっと新しい出版法、集会法、結社法等々をもたらす。……〔ドイツ皇帝〕ヴィルヘルム……は、彼の全大臣が平時に全弾丸を受け止めることが真に立憲的であり、彼らの主要義務の一つであるとみなしていることだろう。立憲主義《Konstitutionalismus》というもののうちで彼が本気で考えている唯一の面だ」（M宛の一八七四年七月二一日付手紙。㉝九三～四ページ）

立憲君主制では〝大臣が責任を負うのであって、君主は責任を問われない〟とされます。そういう、皇帝にとって好都合な点だけ立憲主義のいいとこ取りをドイツ皇帝がしているというのです。それも、大臣達は法的責任だけを負うのでなく、政敵からの憎悪や攻撃についても君主の盾になるのが立憲主義だというように皇帝は解釈しているのだろう、というのです。

第二節　軍事的専制国家に民主共和制を要求する勇気を（ゴータ綱領批判）

ビスマルクが宗教対立に手を焼いているとき、労働者階級の方では従来二つに別れていた政党が合同する統一党大会をゴータ市で開くことになり、統一新党の綱領案の討議が始まりました。

すべての役人が彼らのすべての職務行為について責任を負う――エンゲルス

その綱領草案にエンゲルスは論評を寄せ、そこでつぎのように書いています。

「いっさいの自由の第一の条件が欠けています。すなわち、すべての役人が彼らのすべての職務行為について、各市民に対して、通常の裁判において、普通法にしたがって責任を負うというのがそれです」（ベーベル宛の手紙、一八七五年三月一八日～二八日の間に執筆。『書簡』、中、一四六ページ。選書『ゴータ綱領批判／エルフルト綱領批判』所収五五ページ。㉞一〇九ページ）

同国役人の遵法実態は、ビスマルクの国憲違反が示していました。そういう国で、権力機関に所属する役人が法律に基づく正当な根拠なしに、あるいは適正手続き抜きに、市民を勝手気ままに逮捕・訴追・裁判できるなら、市民が自由を守ることは極めて困難になります。市民の自由を守るためには、役人の職権乱用を抑止することが必要であり、役人といえども職務行為に違法があれば、一般市民同様、通常の裁判において、普通法にしたがって責任を問われる仕組みを設けることが必要だというのです。そういうことを、新綱領が掲げる要求項目に加えるように彼は助言したのでした。

軍事的専制国家に民主共和制を要求する勇気を――マルクス

マルクスは、民主共和制実現という革命目標が綱領草案に欠けていることを問題にしました。民主共和制になれば、君主制のドイツ帝国は解体することになるので、その主張は同国政府によって非合法とされており、それを綱領に明記すれば新党が国家権力から弾圧されるのは必至でした。そういう状況において、綱領案は民主共和制実現という目標を明記せず、既存の君主制国家の法律の範囲内で「合法的手段によって」活動することを明記していました。そういう新綱領案への逐条コメントをマルクスは党指導部に送り、つぎのように批判しました。

「綱領の政治的諸要求は普通選挙権、直接立法、人民の権利、民兵制など、広く世に知られた民主主義的な繰り言の他にはなにも含んでいない。……／しかし一つのことが忘れられていた。……ドイツ労働者党は肝心なことを忘れるべきでなかったのであって、それはそういう麗しい諸事項のすべてはいわゆる人民主権の承認に依拠しているということであり、したがって民主共和制においてだけしかるべき場をもつということなのである。／……その民主共和制を要求する勇気がないので――また諸事情が慎重さを求めているから用心して――、民主共和制においてだけ意味をもつ諸事物を国家に要求することでごまかしているのだが、その国家は議会制度の諸形態で粉飾され、封建的な夾雑物が混じり、また同時にブルジョアジーによってすでに影響され、官僚制的に組み立てられ、警察に守られた軍事的専制にほかならないのであって、しかもこういう国家に対して、おまけにそのようなことを『合法的手段によって』国家に押し付けることができると夢見ておりますと誓いさえしてごまかしているのだが、そういう『誠実』でもなければ品位もない手に逃げるべきではなかったのだ！」（同前、四三〜五ページ。⑲二九ページ）

ドイツの労働者党は勇気をもって民主共和制実現という要求を公然と掲げてほしいと激励したのです。当時、隣国のフランスは第三共和制実現に辿り着いていたのですが、それまで同国ではオルレアン王政時代もルイ・ボナパルトの軍事専制時代も労働者階級は、民主共和制実現という旗を公然と掲げて続けていました。同じようにドイツの労働者党も勇気をもつように励ましたのでした。

第三節　社会主義者取締法の支配下で抵抗権をしっかり守る

合同新党への結党禁止判決と社会主義者取締法

そういう彼の批判と激励にもかかわらず、合同新党・社会主義労働党は民主共和制という目標ではなく合法的手段で活動することの方を明記した綱領を採択しました（一八七五年五月）。その新党に対して、それでもプロイセン裁判所は結党禁止判決をだしました（一八七六年三月）。結社の自由を認めず、軍事的専制国家という素顔をさらしたのです。

その後、ドイツ皇帝狙撃事件が二度起きました（一八七八年五月、六月）。どちらも犯人は右の合同新党の党員ではなかったのですが、ビスマルクは同党に罪を被せるキャンペーンを始めました。さらに帝国議会を解散し、警察を使った選挙弾圧によって野党の議席を減らし、改選後の議院に社会主義者取締法案を提出しました。このとき、内務大臣は社会主義労働党の教義と目標なるものについて、議院でつぎのように答弁しました。
「平和的発展なるものは目標ではないのであり、平和的発展なるものは一つの段階にすぎないのであって、それは終極の諸目標なるものに到る一段階であり、その終極目標には強力（Gewalt）の道以外にはどんな道も到達できない、とされているのであります」（出典、M「取締法案メモ」『多数者』九五～六ページ、㉞四二一ページ）
右の答弁に関して、内務大臣「氏は事を『鉄と血』で考えている」（同前）とマルクスは記していました。同法成立（一八七八年一〇月）から間もなく政府は軍事戒厳令を敷きました（一一月）。鉄と血による強力の道に踏みだしたのは、社会主義労働党の側ではなく、軍事専制政府の方だったのです。

社会主義者取締法による弾圧に対して抵抗権を行使

党は大打撃をうけたのですが、マルクスやエンゲルスの援助を受けた党員達がスイスで新聞『ゾツィアールデモクラート』（社会民主主義者）を印刷して、ドイツ国内に持ち込み始めました（一八七九年九月）。他方、党内にはテロを示唆したり賛美したりする議員やジャーナリストもでてきました。党はスイスのヴィーデン市で秘密大会を開いてテロ賛美などの「過激な言葉」（注1）を口走る党員の除名を決議し、同時に「いっさいの手段によって」（注2）活動するというように党綱領を改訂し、『ゾツィアールデモクラート』紙を公式機関紙と確認しました（一八八〇年八月）。

（注1）E「エルフルト綱領批判」、選書九一ページ、㉒二四〇ページ。
（注2）㊴注解（二五九）参照。

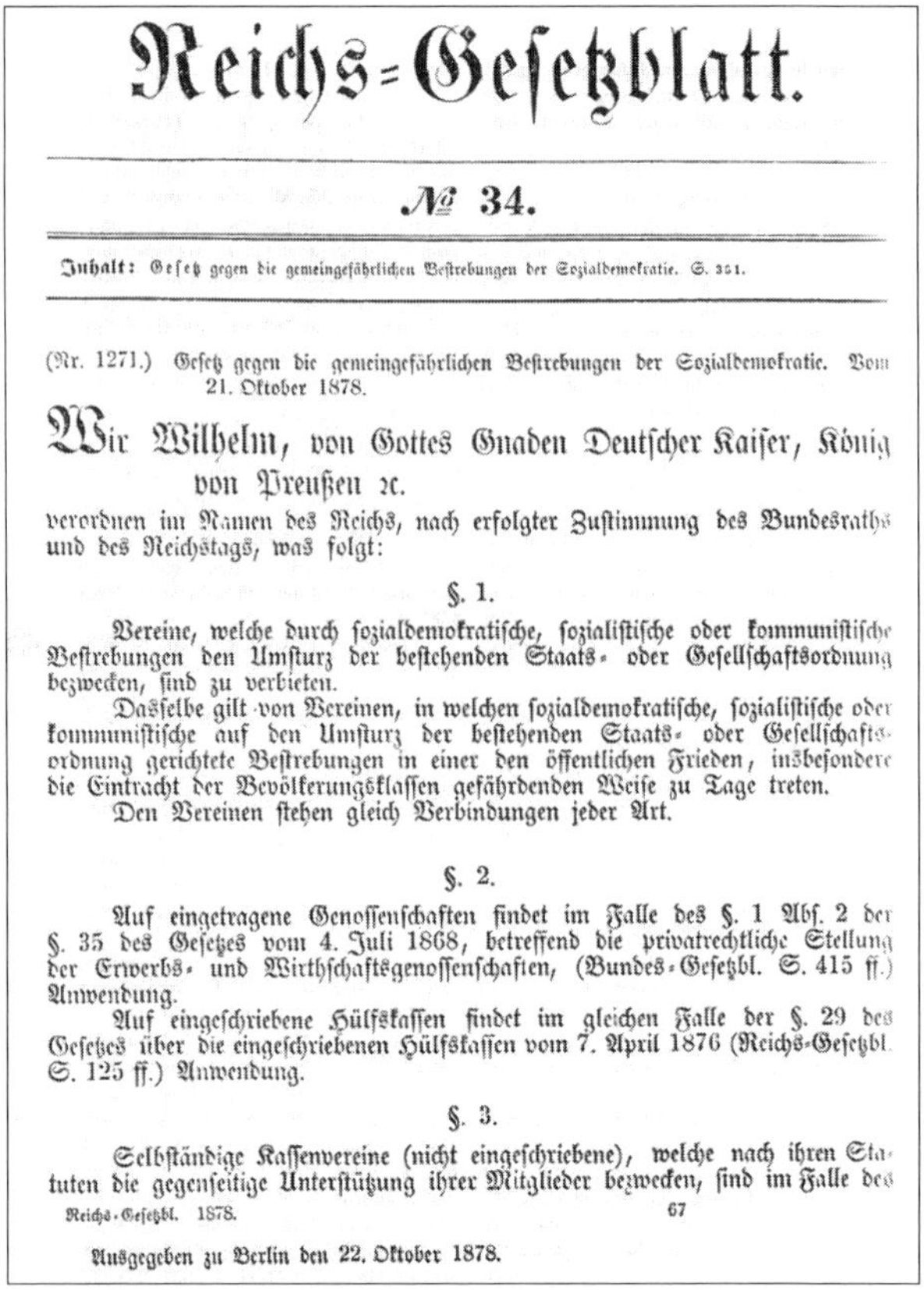

Reichs-Gesetzblatt.

№ 34.

Inhalt: Gesetz gegen die gemeingefährlichen Bestrebungen der Sozialdemokratie. S. 351.

(Nr. 1271.) Gesetz gegen die gemeingefährlichen Bestrebungen der Sozialdemokratie. Vom 21. Oktober 1878.

Wir Wilhelm, von Gottes Gnaden Deutscher Kaiser, König von Preußen &c.

verordnen im Namen des Reichs, nach erfolgter Zustimmung des Bundesraths und des Reichstags, was folgt:

§. 1.

Vereine, welche durch sozialdemokratische, sozialistische oder kommunistische Bestrebungen den Umsturz der bestehenden Staats- oder Gesellschaftsordnung bezwecken, sind zu verbieten.

Dasselbe gilt von Vereinen, in welchen sozialdemokratische, sozialistische oder kommunistische auf den Umsturz der bestehenden Staats- oder Gesellschaftsordnung gerichtete Bestrebungen in einer den öffentlichen Frieden, insbesondere die Eintracht der Bevölkerungsklassen gefährdenden Weise zu Tage treten.

Den Vereinen stehen gleich Verbindungen jeder Art.

§. 2.

Auf eingetragene Genossenschaften findet im Falle des §. 1 Abs. 2 der §. 35 des Gesetzes vom 4. Juli 1868, betreffend die privatrechtliche Stellung der Erwerbs- und Wirthschaftsgenossenschaften, (Bundes-Gesetzbl. S. 415 ff.) Anwendung.

Auf eingeschriebene Hülfskassen findet im gleichen Falle der §. 29 des Gesetzes über die eingeschriebenen Hülfskassen vom 7. April 1876 (Reichs-Gesetzbl. S. 125 ff.) Anwendung.

§. 3.

Selbständige Kassenvereine (nicht eingeschriebene), welche nach ihren Statuten die gegenseitige Unterstützung ihrer Mitglieder bezwecken, sind im Falle des

Reichs-Gesetzbl. 1878. 67

Ausgegeben zu Berlin den 22. Oktober 1878.

社会主義者取締法を公布した帝国法律報第34号。本文冒頭3行目の大活字以下は朕ヴィヘルム、神の恩寵によるドイツ皇帝、プロイセン等々の国王は命ずる……と始まっています

そのときのことを後にエンゲルスはつぎの通り振り返っています。

「党はヴィーデン大会で再建され、そしてそれ以来、合法、非合法を問わず、『いっさいの手段』によって闘争を再開した……。『ゾツィアールデモクラート』はこの非合法性の具体化だった。……それは毎週神聖ドイツ帝国の国境を越えてまかり通った。……すべてのもののなかでこの新聞だけが、完全な出版の自由を満喫していた」（E『ゾツィアールデモクラート』紙読者への挨拶――以下、「挨拶」と略――、㉒七四ページ）

党は機関紙を発行し続けました。結社の自由や出版の自由などを守ることは、専制権力の弾圧に対する抵抗から始まった市民革命が近代立憲主義をもたらしたという歴史にも沿うことでした。そういう真

正な立憲主義が定着していたイギリスやアメリカ合衆国においては、それらの立憲的権利が合法的な道の前進を制度的に保障していました。しかし、軍事的専制政府が立憲主義を外見だけ偽装していたドイツ帝国ではそれらの立憲的自由を非合法とし、立憲的自由を弾圧することの方が社会主義者取締法によって逆に合法とされたのです。つまり、イギリスやアメリカ合衆国のように真正な立憲主義が定着している国と、ドイツ帝国のような外見的立憲主義の国とでは、合法という言葉がもつ実際の意味は正反対に違ってくる場合があったのです。

ドイツ帝国では、革命の最初の直接的な成果はブルジョア共和制でなければならない

社会主義者取締法によって党そのものは非合法とされたのですが、個人の選挙権まで奪われたわけではありませんでした。そういう条件の下、議会当選者の内、党員の数は一二に前進しました（一八八一年）。そのように祖国の党が非合法とされながら不屈に頑張っている最中、一八八三年三月一四日、マルクスは亡くなりました。その年、エンゲルスは手紙でつぎのように書きました。

「私達〔ドイツ人〕の下では革命の最初の直接的な成果は、形態からすれば〔フランスと〕同じくブルジョア共和制以外のものではありえないし、またそうでなければならないのです」（ベルンシュタイン宛、一八八三年八月二七日付手紙。『書簡』中、二六五ページ。㊱四九ページ）

形態からすればブルジョア共和制とは、賃金労働者階級がブルジョアジーを押し上げて作る共和制のことです。すなわち彼は、まず国家体制における君主制の廃止・共和制の実現を目標にしなければならないと勧めたのです。生前のマルクスは、ゴータ綱領批判で民主共和制実現を綱領課題とするように助言していたのですが、エンゲルスもまた共和制実現を帝制ドイツにおける最初の革命目標とするように

書き送ったのでした。翌年の選挙で、ドイツ社会主義労働党は得票率一九・七％、一二四議席に前進しました。

政府の欺瞞的な合法性に対抗して革命的立場を堅持

翌年、小冊子『ケルン陪審法廷に立つカール・マルクス』が『社会民主主義文庫』シリーズの一つとしてスイスで出版されました。彼の一八四九年の法廷弁論の再刊です。その序文でエンゲルスはつぎの通り書きました。

「この弁論は、いまもなお多くの人々の模範となるような仕方で、政府の欺瞞的な合法性に対抗する革命的立場を堅持している。……彼らは我々を敵として打ち負かし、追い払うことはできるが、しかし我々が有罪と判決されることはありえないのである」（㉑二〇五～六ページ）

法廷弁論当時、プロイセン王国政府は欺瞞的に全立憲主義をまねて茶化しました。再刊時は、ドイツ帝国政府が結社の自由などを弾圧しながら、その弾圧が社会主義者取締法に基づく合法的なことであるかのように欺瞞していました。彼らは鉄と血によって反対者を追い払うことができるし、そのことについて欺瞞的な合法性という外見を装うこともできる。しかし鉄と血による力関係と、どちらが有罪かということは別のことなのであって、我々が有罪と判決されることはありえないというのです。

第四節　党は勝利した。社会主義者取締法はなくなり、ビスマルクは失脚した

その後、ドイツ皇帝が亡くなって新帝が即位しました（一八八八年）。その二年後、帝国議会は社会主義者取締法の有効期限の延長を否決しました（一八九〇年一月）。翌月の帝国議会選挙では、社会主義労働党は三五議席へ前進しました。得票では第一党でした。

このときにエンゲルスが最も警戒したのは、ドイツ政府が一揆と戦闘を挑発して党を粉砕し、その後で国憲をさらに改悪してしまうという危険でした（注1）。一揆の誘惑をうけて、自分の勝算を失なわないように彼は呼びかけました（注2）。やがてビスマルク首相は代替わり後の皇帝に罷免され、社会主義者取締法も失効しました（九〇年九月末）。党は合法的地位を回復したのです。

「一二年間の闘争の後、党は勝利した。社会主義者取締法はなくなり、ビスマルクは失脚した。強大なドイツ帝国は、我々に向かってあらゆる手段を動員した。党はそれをあざ笑い、ドイツ帝国はついにその旗を我々の旗の前で下ろさざるをえなかった。帝国政府は当面は再び我々に対して普通法でやってみようとしている。そこで我々は当面再び合法手段でやってみることにしよう。その合法手段は、我々がまさに非合法手段の有力な行使によって取り戻したものなのである」（E「挨拶」㉒七六ページ）

それは、非合法党機関紙『ゾツィアールデモクラート』の国外発行などを通じて取り戻した合法的地位でした。党は国内で大会を開いてドイツ社会民主党と改称し、さらに合法機関紙『フォールヴェルツ』（前進）の発行を開始しました。同じく合法政党といっても、一二年前といまとでは実質が全く違います。軍事的・警察的な弾圧に対して抵抗権をしっかり守り、一二年間の闘争で党勢を粘り強く伸ばして実力で合法性を取り戻した後では、結社の自由を裏打ちしている実質＝力関係が以前とは全く違います。党は抵抗権をしっかり守り抜くことによって（注3）、実力に裏づけられた合法性へ手が届いたのでした。

マルクス達は、英米両国のように真正な立憲主義が定着していた国では、合法的な道で進むことを考えました。しかし、プロイセン・ドイツ帝国のように、軍事的専制政府が鉄と血で弾圧してくる場合は、政府の欺瞞的な合法性に対抗して革命的立場を堅持し、党機関紙の発行などで抵抗権を発揮するように援助しました。やがて、軍事的専制政府が再び普通法に戻った際には、党の方も再び合法的手段でやってみるようにエンゲルスは助言したのです。

（注1）ラウラ・ラファルグ宛の一八九〇年二月二六日付手紙。『書簡』、下、一一四〜五ページ。㊲三一五ページ。

（注2）『ゾツィアールデモクラート』紙掲載E論文「さてどうするか?」。『多数者』所収一七〇ページ。㉒一〇ページ。

（注3）Eからリヒャルト・フィッシャー宛一八九五年三月八日付、『書簡』、下、二九九ページ。㊴三七〇ページ。

第五節　労働者階級が支配の座につけるのは民主共和制だけ（エルフルト綱領批判）

合法性回復という新しい局面に適するように党綱領を改定するため、党はエルフルト市で大会を開くことになりました。その際にエンゲルスは党執行部に宛てた意見のなかでつぎのように断言しました。

「何か確かなことがあるとすれば、それは我が党と労働者階級とが支配の座につけるのは、民主共和制という形態の下においてだけだ、ということなのだ」（「エルフルト綱領批判」。一八九一年。選書九四ページ、㉒二四一ページ）

翌年、彼は辞典掲載用に執筆した「マルクス、ハインリッヒ・カール」という略伝で、一八四四年当時について、つぎのように紹介しています。

「マルクスはドイツ語の小週刊新聞の編集に協力したのであり、それはパリで『フォールヴェルツ（前進）』という名で発行され、当時のドイツの絶対主義と外見的立憲主義（Scheinkonstitutionalismus）との惨めさに辛辣な嘲笑を浴びせかけた」（㉒三四五ページ）

ここでエンゲルスは、二人が終生の共同を開始した一八四四年当時を振り返り、その時点に遡って外見的立憲主義という規定を使っています。

第六節　挑発されず、抵抗権も守りながら転覆活動取締法案成立を阻止

革命家、転覆者は合法手段を用いるときに、はるかに威勢よく栄える

翌一八九三年の総選挙で、党は一七八万票（得票率二三・三％）、四四議席にまで前進しました。そういう情勢のなかで、ドイツ帝国政府は転覆活動取締法案を議会に提出しました（一八九四年一二月）。その法案によれば、犯罪構成事実がなくても転覆の意図というだけで懲役刑を科すことができるようになっていました。それに対してエンゲルスはつぎのように述べました。

「我々『革命家』、『転覆者』は、非合法手段や転覆によるよりも、むしろ合法手段を用いるときに、はるかに威勢よく栄えるのである」（『フランスにおける階級闘争』（一八九五年）への序文」――以下、「『階級闘争』序文」と略。『多数者』所収、二六四ページ。㉒五二一ページ）

挑発されないように、抵抗権をしっかり守るように助言

同法が成立すれば軍事的・警察的弾圧が再開されるであろうということは目にみえていました。しかし、だからといって市街戦に駆りだされたりすれば、それは狂気じみた愚かなことだと彼は警告しました(注1)。当時､彼は同志への手紙で､「クーデタが政府高官によって公然と説かれている」「時期での我々の政策は、挑発されないようにすることです」(注2)と強調しています。また、かつて社会主義者取締法下で『ゾツィアールデモクラート』紙を発行した先例をひいて、「抵抗権をしっかり守る」(注3)ようにも助言しています。挑発には乗らず、しかも抵抗権は守るというのです。

（注1） 同前二六五ページ。㉒五二一ページ。

（注2） ポール・ラファルグ宛一八九五年二月二六日付手紙、『書簡』、下、一九四～五ページ。㊴三五八ページ。

（注3） 前出、リヒャルト・フィッシャー宛一八九五年三月八日付手紙。

転覆活動取締法成立を阻止

そのように社会民主党の側が挑発に乗らないように自制しても、帝国政府の側が「国憲の破棄」、皇帝全権、絶対主義への復帰を目指すクーデタに進む可能性にかかわって、彼はつぎのように述べています（以上「」内および以下引用は「『階級闘争』序文」、『多数者』二六五ページ。㉒五二一～二ページ）。

「ドイツ帝国も、すべての小国や一般にすべての近代国家と同様に、契約の所産である……。第一には王侯相互間の、第二には王侯と人民の間の契約の所産である……。一方の側で契約を破れば、その契約は全部解消し、他方の側でもそれに拘束されない。……だから、諸君〔帝国軍人や高級官僚達〕がドイツ国憲を破棄すれば、社会民主党も自由になって、諸君に対して好きな行動をとることができる」

そのドイツ国憲は王侯達が締結した王侯相互間の契約の所産でした。それは国民投票によって採択されたわけではありませんが、とはいえ国民は同国憲下の議会選挙に何度も参加していました。

当時のドイツ帝国はもはや絶対ではなくなり、偽装立憲主義という足かせのために弱められていました。外見的立憲主義の下、資本主義や投機の発展に伴って古い国家の解体が進行し、ビスマルクの失脚からも五年が経っていました。他方、労働者政党の得票や議席は増えていました。そこで、王侯の側が国憲・契約を破れば、人民＝多数者の側も解消された契約に拘束されないで抵抗権を自由に発動することになるというのです。

そういう緊迫した情勢で挑発されないように自制しながら、粘り強い大規模な大衆的抗議活動などによって抵抗権をしっかり守ることを通じて、議会内情勢も変化し始め、転覆活動取締法案は否決されました。自由な行動の空間が再確認されたのでした。

第一〇章　オーストリア帝国
――外見的立憲君主制から初歩的な立憲主義へ

ドイツ帝国の東南の隣国オーストリア帝国は、改めて国憲を欽定していたのですが（一八六一年）、資本主義が発展して労働者階級が成長してくると、その運動を弾圧し、報道・集会・結社の自由を抑圧しました。当時、エンゲルスは同国を「外見的立憲君主制（scheinkonstitutionellen Monarchie）」（注1）と呼んでいます。

しかし、普通選挙権を求める粘り強い大衆的要求活動などに押され、帝国議会は選挙人資格に必要な納税額を引き下げました（一八八二年）。社会主義者を法の外に置いて迫害する例外措置も、粘り強い反対運動に押されて廃止されました（一八九一年）。やがて、選挙権を全成人男子に拡大する法案が政府によって帝国議会に提出されました（一八九三年）（注2）。その翌年、エンゲルスは同国社会民主党指導者ヴィクトル・アードラー宛の手紙でつぎのように励ましています。

「貴地のような初歩的な（primitiven）立憲主義《Konstitutionalismus》の場合には、労働者は少なくともまだいくつかの拠点を勝ち取ることができます、しかも、合法的な道で、つまり労働者自身を政治的に訓練するという道で」（一八九四年七月一七日付。㊴二四〇ページ）

オーストリアの人々も粘り強いたたかいを通じて、ようやく初歩的な立憲主義に手が届いたのでした。エンゲルスは、選挙権の拡大や党機関紙の日刊化など、いくつかの拠点を合法的な道で獲得していくように激励しました。それは死去前年のことでした。

（注1）論説「一八七七年におけるヨーロッパの労働者」――以下、「一八七七年」と略――『多数者』七八ページ。⑲一三二ページ。

（注2）（男子）普通選挙権実現は一九〇七年になりました。

第一二章　フランス

――軍事専制から第三共和制に進んで立憲主義が定着

第一節　現実の専制と見かけの民主主義、外見的立憲主義の軍事独裁崩壊

フランスでは、ルイ・ボナパルトがクーデタによって立憲共和制を倒した後、帝制憲法を制定して皇帝に即位し、その後、立法議会選挙を実施し（一八六三年）、最後に普仏戦争を仕掛けました（一八七〇年）。その際、国際労働者協会総評議会は、マルクスが起草した「呼びかけ」を発表しました。そのなかでマルクスは、当時のフランスを「現実の専制と見かけの民主主義（démocratisme de carton）」（フランス語版）・「現実の専制と外見的民主制（Scheindemocratie）」（ドイツ語版）⑰五ページ）と呼んでいます。

フランスは開戦二か月で敗れ、ルイ・ボナパルトはマクマオン将軍の部隊ごとプロイセンの捕虜となりました。こうして崩壊したフランス第二帝政についても、エンゲルスは「外見的立憲主義」（Scheinkonstitutionalismus）と呼んでいます（『住宅問題』⑱二五四ページ）。「憲法」典と称する文書を制定して立憲主義を装い、立法議会や国民投票によって民主主義を装ってはいても、それは外見の偽装でしかないというのです。

捕虜になったフランス皇帝ナポレオン３世（ルイ・ボナパルト・左）と会見するプロイセン宰相ビスマルク（右）。ヴィルヘルム・カンプハウゼン画

共和制の自由という機会を穏やかに決然と活用する

皇帝降伏を受けて、帝制立法院は共和制を宣言しました（第三共和制）。そして、国防政府と名乗る臨時政府が組織されました。

その共和制宣言を受けて、国際労働者協会総評議会はマルクスが起草した第二の声明を発表し、つぎのように呼びかけました（九月九日）。「敵〔プロイセン軍〕がパリの玄関をいまにもノックしようとせまっている現在の危機に、その新政府を倒そうなどとしたら、どんな試みも絶望的にばかげた暴挙ということになるだろう。フランスの労働者は市民（citoyen）としての自分達の義務を果たさなければならないのであり、……〔普墺両国軍との戦争中に王制を廃止した〕一七九二年の国民的追憶にまどわされるようなことがあってはならない。彼らは過去を繰り返すのではなく、未来を建設すべきなのだ。彼らが共和制の自由という機会を穏やかに決然と活用するようにさせよう、――自分達の階級的組織化という事業のために。……彼らの精力と賢明さに、この共和国の運命はかかっている」（⑰二五九～二六〇ページ）

国際労働者協会は、共和制の自由という機会を穏やかに決然と活用するように呼びかけたのです。

他方、国防政府は、大革命時に国民議会決議に基づいて設立されて以来の伝統をもつ国民警備隊に首都防衛を呼びかけ、それに多くの労働者が志願して市民としての義務を果たしました。国防政府は降伏交渉を進め、休戦協定に調印して普通選挙を実施しました（一八七一年二月）。選挙では王政復古派が多数を占め、オルレアン派のティエールが政権につきました。三度目の共和制が宣言されたというのに、政権についたのはまたもや王政復古派だったのです。

第二節　パリ・コミューンへの攻撃＝外国の侵略者に保護された奴隷所有者の反乱

王政復古派の新政権は、ドイツ軍包囲下のパリで民衆が自警にあたってきた国民警備隊に夜襲をかけ、それを警備隊は撃退しました（三月一八日）。

警備隊は旧帝制期の有権者名簿に基づいて厳正な普通選挙を実施し（三月二六日）、成立した新市議会に権力を移譲しました。市議会は複数の委員会を設け、その一つとして執行委員会を設けました。パリ・コミューンが誕生したのです。コミューンとは、フランス語で市町村などの自治体を意味する言葉です。ところが王政復古派政権は、ドイツ軍の捕虜になっていた旧帝制フランス軍隊を返してもらってパリに投入し、マクマオン総司令官の指揮下、ドイツ軍包囲下の自国民を虐殺したのでした。

第三節　マクマオンの反立憲主義

『タイムズ』がマクマオンを反立憲主義のせいで非難した

一八七五年、フランスで第三共和制憲法がようやく成立しました。選挙の結果、議会上院（地方自治体の代表者による間接選挙）では君主制復活派が多数を占め、下院（男子普通直接選挙）では共和派が多数を占めました。そこで、憲法上で議会が指名する規定になっていた大統領には軍人マクマオンを充て、大統領が指名する規定になっていた内閣首班にはジュール・シモン（旧国防政府及びティエール政府の文部長官）を起用することで落ち着きました（一八七六年）。コミューンを虐殺した同陣営にいた人達が、憲法下初の大統領と内閣首班に就任したのでした。

しかし、君主制復活派の大統領は共和派のシモンを辞職させ（一八七七年五月一六日）、代わりに君主制復活派の新内閣を発足させました。その承認を議会下院が否決すると、大統領は両院を停会させました。その事件を報道した新聞『タイムズ』について、マルクスはつぎのように書いています。

「『タイムズ』がマクマオンを反立憲主義（Antikonstitutionalismus）のせいで非難した」（E宛の同年五月三一日付手紙。㉞二九ページ）

同紙記事には反立憲主義という文言はありません。それはマルクス自身の言葉です。内閣人事に関する議会承認は、代議制議会による執行権力の制限を制度的に保障するための、いわば入口になる手続きです。その承認を否決した代議制議会を執行権力の側が停止したのです。それをマルクスは反立憲主義と呼んだのです。フランスでは民主共和制が破壊されて軍事帝政に反転した前例がそれまで二度もありました。三度目の民主共和制においても大統領マクマオン将軍の主体的な勝手気ままが暴走の兆しを見せた時、それをマルクスは反立憲主義と呼んだのでした。反立憲主義という言葉の一部であっても、あるいは反立憲主義という危機に瀕したからこそというべきかもしれませんが、そのとき、マルクスの発言に立憲主義という文言が現れたのでした。近代の民主共和制が立憲主義を不可欠の契機として内包しているという、マルクスの理解がそこには鋭く現れています。

労働者は共和制の維持が自分達の当面の主要な目標であると宣言した

その後、マクマオン大統領は下院を解散して（六月二五日）、一〇月一四日に選挙を実施することを布告しました。そのときのことをエンゲルスはつぎのように書いています。

「君主制派が大陰謀をたくらんで、共和制に宣戦を布告したとき、労働者達は即座に全員結束し、共和制の維持が自分達の当面の主要な目標であると宣言した」（「一八七七年」『多数者』八二ページ、⑲一三四ページ）

君主制派も、シモンらブルジョア共和派も元はといえばコミューン虐殺勢力だからといって、両派の争いを傍観する態度

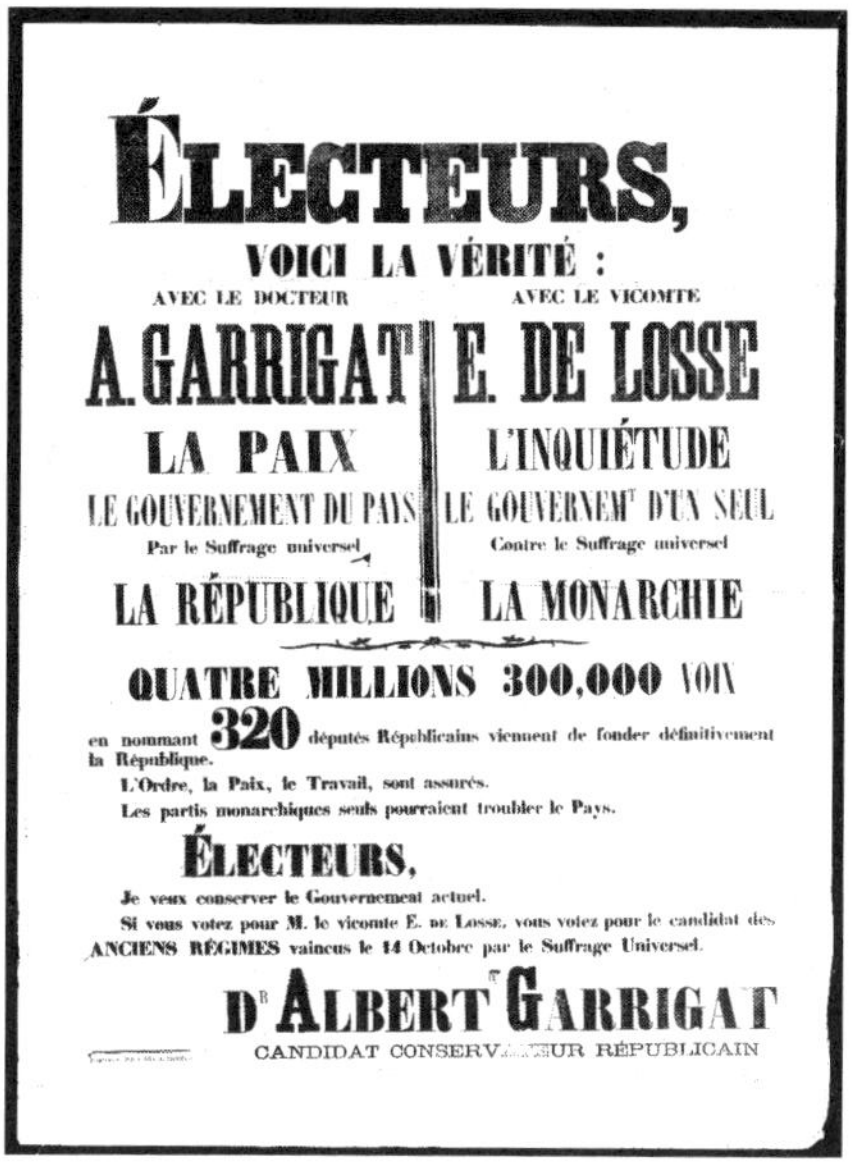

1877年10月の議会選挙で、これが真実だとして、平和か不穏か、国民の統治か個人独裁の統治か、普通選挙によるのか普通選挙に反対なのか、共和制か君主制かと問いかけて有権者に支持を訴える共和派候補者の宣伝物。

を労働者階級は取りませんでした。労働者達は下院選でブルジョア共和派に投票を集中しました。共和派は再び勝利し、大統領は共和派のジュール・ファーブル（旧国防政府及びティエール政府の外務長官）に組閣を要請せざるをえなくなりました。その後、上院選挙でも共和派が多数議席を占め（一八七九年一月）、マクマオンは大統領を辞職しました。彼の反立憲主義は挫折したのです。フランスの労働者階級は、共和主義者として行動し、同国の立憲主義擁護に大きく貢献したのです。

第四節　普通選挙権が欺瞞の用具から解放の用具に転化

翌年、フランス労働党が結成された際に、マルクスは綱領起草を依頼され、そこにつぎのように書き込みました（一八八〇年）。

「普通選挙権は、これまでのような欺瞞の用具ではなくて、解放の用具に転化する」（『多数者』一〇一ページ。⑲二三五ページ）

かつて皇帝ルイ・ボナパルトは民主主義を偽装し、普通選挙権を欺瞞の用具として利用しました。しかし第三共和制では、普通選挙の結果が反立憲主義の企てを失敗させました。普通選挙権が解放の用具に転化するというのです。

第一二章　立憲制の歴史的位置と社会の平和的・合法的発展

立憲主義と一口にいっても各国によって歴史も具体的な制度も違いますので、概ね各国ごとに整理しながら二人の発言をこれまでみてきました。つぎは、複数の諸国にわたって立憲主義というものを包括的にみるという角度から、二人の発言を取り上げていきます。

第一節　外見的立憲主義、立憲君主制、民主共和制の歴史的な位置

外見的立憲主義――成長し過ぎた軍隊、腐敗と詐欺の下で古い国家のあらゆる要素の分解が進行

崩壊したフランス第二帝制と勝利したドイツ帝国をエンゲルスが著書『住宅問題』（一八七二年）で外見的立憲主義と規定した翌年、スペインで立憲君主が退位して（一八七三年）、二年弱の間、共和制になりました。そのとき、彼はヨーロッパ大陸の君主制に関してつぎのように書きました。

「普通選挙権つきの外見的立憲主義（Scheinkonstitutionalismus）が、すなわち政府の支柱として成長し過ぎた軍隊、統治の主要な手段である買収や誘惑、そして政府の唯一の目的である腐敗と詐欺による金儲けが、麗しい立憲的な保障というものや、精巧な権力分立というものをすべていたるところで抗しがたく押しのけている。それらは、〔フランスが立憲君主制だった〕牧歌的な〔オルレアン王朝〕ルイ・フィリップの時代に、我が〔ドイツの〕ブルジョア達があこがれたものである。当時の全堕落者でさえ

今日の『大物達』に比べるとまだ無垢な天使だったのだ」（論説「スペインにおける共和制」補巻④一二四ページ）
麗しい立憲的な保障や精巧な権力分立は、政府の支柱として成長し過ぎた軍隊の圧力で押しのけられ、買収や誘惑、腐敗と詐欺によってても押しのけられて、立憲主義は外見だけになってしまい、それがヨーロッパ大陸中の君主制に蔓延しているというのです。その典型である普仏両国は、成長し過ぎた軍隊を衝突させ、敗戦国フランスは外見的立憲主義が崩壊して第三共和制になったのでした。そういう最終的崩壊が具体的には何を契機に起きるのかは各国の事情と歴史によって決まることですが、いずれにせよ、外見的立憲主義の下で古い国家のあらゆる要素の分解が進んでいると彼はみていました。

立憲君主制――封建制とブルジョアジーの闘争が決着、民主共和制――階級闘争が決着するまでたたかい抜かれる

フランスで第三共和制の憲法が成立した年、マルクスはゴータ綱領批判でつぎのように書いていました。
「民主共和制……まさにブルジョア社会のこの最後の国家形態においてこそ、階級闘争が完全に決着するまでたたかい抜かれることになる」（選書四五ページ。⑲二九～三〇ページ。一八七五年五月）
民主共和制は、生まれや身分や教養や職業の相違の斟酌なしに人民各成員を人民主権への平等な参加者であると布告としている体制です（「ユダヤ人問題」）。ですから、大地主や大資本家だけでなく、賃金労働者や農民も含め、どの階級に所属する人も普通選挙で政治に参加し、自分達の主張を選挙や議会討論に反映することになります。こうして、まさに民主共和制こそが、一部の特権階級の間だけでなく、全階級の利害対立が決着するまでたたかい抜かれる場になるというのです。ただし、たたかいといって

も、あのアメリカ南軍のように違憲の軍事反乱を起こす勢力がないかぎり、それは選挙権や表現・言論・出版・結社の自由などを通じて行なわれることになります。

そういう民主共和制をマルクスは右の引用か所で、ブルジョア社会の最後の国家形態と規定しています。どういう意味でしょうか？　その問題を念頭に置きながら、マルクス逝去の年にエンゲルスが書いたつぎの叙述をみたいと思います。

「封建制とブルジョアジーの闘争が、古い絶対君主制の下でではなく、立憲君主制（イギリス、一七八九―九二年および一八一五―三〇年のフランス）の下で初めて決着がついたように、ブルジョアジーとプロレタリアートの闘争は共和制の下でだけ決着がつけられるのです」（ベルンシュタイン宛一八八三年八月二七日付手紙。『書簡』、中、二六四～五ページ。㊱四八ページ）

立憲君主制は、社会が封建制から資本主義へ進歩していく過程で形成された国家形態であり、封建勢力とブルジョアジーの間の階級闘争は、ブルジョアジーの勝利をもって決着しました。つぎはブルジョアジーとプロレタリアートの闘争に決着がつけられる番がくるのであって、その際の国家形態になりうるのは共和制だけだというのです。彼は翌年の手紙でつぎのようにも書いています。

「自由主義的な立憲君主制は、（一）ブルジョアジーがまだ絶対君主制を完全には片づけていなかった初期と、（二）プロレタリアートが民主共和制をあまりにも危険なものとならせた末期とにおける、ブルジョア支配の適合的な形態です。それにしても、民主共和制は、あくまでもブルジョア支配の最後の形態、ブルジョア支配が没落していく形態なのです」（同、一八八四年三月二四日付手紙。㊱一一七ページ）

右の二通目の手紙では、立憲君主制に関する書き方がより立ち入ったものになっています。立憲君主制はブルジョア支配の適合的な形態なのだが、「（一）ブルジョアジーがまだ絶対君主制を完全には片づけていなかった初期」と、「(二)プロレタリアートが民主共和制をあまりにも危険なものとならせた末期」と、二つありうるというのです。（一）初期は、ブルジョアジーの力の成長がまだ不十分なので、封建的君主制勢力との妥協も余儀ないということであって話は簡単です。しかし（二）末期にも、立憲君主制がブルジョア支配の適合的な形態になるというのです。ブルジョア支配の末期には、プロレタリアートが民主共和制をあまりにも危険なものとならせたというのです。どういうことでしょうか？

民主共和制においては、選挙による議員や大統領の交代を何度も何度も繰り返すことを通じて、選挙結果に基づく議員や大統領の交代は当然のこととして定着していきます。落選者が職位に居座るなどということは問題外となってしまいます。そういう制度の下で、資本主義経済の発展とともに、諸階級の力関係が徐々に変容していきます。例えばフランスで普通選挙が実施された初期は、第二共和制の立法議会選挙でも第三共和制初期の議会選挙でも、伝統的な旧封建領主層（の子孫）が票と議席を多数獲得しましたが、マクマオンの反立憲主義の後、ブルジョア共和派が多数議席を占めるようになりました。そのように、普通選挙を通じて当選者の多数は、封建色の強い伝統的支配勢力からブルジョアジーへと徐々に変わっていき、その過程で資本主義経済も発展してきました。ですから、民主共和制は資本家階級にとって好都合な体制でした。

ところが、その資本主義経済の発展とともに、今度は賃金労働者階級が人口の大多数を占めるほどに増えていきます。彼らは教養や組織性などでも成長していきます。そして民主共和制の下では、賃金労働者階級も選挙権をもつので、彼らは選挙にも進出するようになり、彼らが粘り強くたたかうと当選者も増えていきます。その労働者階級を代表する当選者の数が資本家階級を代表する当選者の数を追い越しかねないところまで手が届くほどに増えてくると、政権の階級的本質が資本家階級の支配から賃金労働者階級の支配へ移行する可能性がでてきて、ブルジョア支配は末期に入っていきます。

しかし、立憲君主制は、生まれや身分や教養や職業の相違の斟酌なしに人民各成員を人民主権への平等な参加者であるとする仕組みになっていませんので、その分、プロレタリアは主権への参加を妨げられます。立憲君主制下で財産額や納税額などに基づく制限選挙制にしてしまえば、貧しい賃金労働者を代表する議席を少なく抑える方向に作用します。そういうわけで、立憲君主制はプロレタリア支配への移行を妨げて、ブルジョア支配を続けるのに適合的な形態になりうるというわけです。

逆に民主共和制を実現して守り切ることができれば、労働者階級を代表する当選者の数が増えて、政権の階級的本質がプロレタリア支配へ移行する可能性が制度上は開かれることになります。

当選者のうち、資本家階級の代表よりも労働者階級の代表の方が上回るようになってくれば、民主共和制は、ブルジョア支配が没落していく形態、ブルジョア支配の最後の形態、ブルジョア社会の最後の国家形態になります。民主共和制という国家形態において労働者階級の当選者が安定的に多数を占めて政府を構成し、国家の官僚機構と軍事機構をしっかりと掌握すると、ブルジョアジーとプロレタリアートの闘争が後者の勝利の方向へ進み始めるというのです。そういう場になりうる国家形態は、「まさに」（マルクス）民主共和制「だけ」（エンゲルス）だというのです。

普通選挙権は成熟をはかる尺度

その民主共和制において、決定的な役割を果たすのは普通選挙です。普通選挙についてエンゲルスは『起源』でつぎのように書いています。

「普通選挙権は、労働者階級の成熟をはかる尺度である。今日の国家においては、普通選挙権はそれ以上のものではありえないし、決してそれ以上のものにならないだろう。しかし、それで十分でもあるのだ。普通選挙権という尺度が労働者の間で沸騰点を示す日には、労働者も資本家も自分の置かれている立場を知るであろう」（『起源』選書二三三ページ。㉑一七二ページ）

『起源』が書かれた一八八四年当時、第三共和制のフランスでも、労働者階級が政権をうかがうほどの議席を得ることはまだ問題外でした。ましてや彼の祖国ドイツは、軍事的専制政府が統治しており、しかも社会主義者取締法下にありましたので、もっと問題外でした。普通選挙権は労働者階級の成熟をはかる尺度以上のものではありえないというのは、そういう時期の発言です。

とはいえ、繰り返される選挙を通じて労働者階級の得票が増え、入れ替わりに古い支配階級の得票が減っていけば、得票という尺度に表示される新旧両階級の力関係が逆点していく歴史的趨勢はだれの目にも明らかになります。それは、外見的立憲主義下で暮らすドイツの人々にとっても、支配階級の人にとっても、同様です。その逆転が圧倒的な様相を示す沸騰点に達すれば、それぞれが自分の立場をわきまえるのを促進する方向に作用するだろうというのです。

『起源』はドイツ語で書かれてスイスで刊行され、ドイツ国内にも持ち込まれました。普通選挙権を活用して沸騰点に接近していく重要な意義を、彼は外見的立憲主義下で暮らす祖国の読者にも語りかけたのでした。

第二節　立憲主義国で社会革命が平和的・合法的に遂行される可能性

では、真正な立憲主義が定着した国については、マルクスとエンゲルスはどう考えていたのか？――そのことについて、ここではつぎの二つの発言を取り上げます。

一つは、マルクスの見方を『資本論』英語版序文（一八八六年）でエンゲルスが証言しているものです。

（一）「その人はこの研究によって、少なくともヨーロッパでは、イギリスこそ、不可避な社会革命が平和的で合法的な手段によって完全に遂行されうる唯一の国である、という結論に達したのである。この平和的で合法的な革命に対して、イギリスの支配階級が『奴隷制擁護の反乱』なしに屈服するとはほとんど期待していない、と彼がつけ加えることを決して忘れなかったのはいうまでもない」（MEW第二三巻四〇ページ）

社会革命が平和的で合法的な手段によって完全に遂行されうる国は、当時のヨーロッパではイギリスだけだとマルクスが認識していたというのです。それは、労働者が平和的な手段によってその目標に到達できる国（ハーグ演説）、あるいは合法的な道で、彼らの発展の道を邪魔している諸法律や諸制度を排除できる国（取締法案メモ）として英米両国の名を彼が挙げていたこと、すなわちヨーロッパではイギリスだけを挙げていたことと符合します。

ただし、そういう国でも合法的な革命政府に対して支配階級がそう簡単に屈服するとは期待していなかったというのです。公然たる反乱であれ、隠微な面従腹背であれ、支配階級の抵抗を合法政府が克服する必要性も予想していたというのです。

もう一つの取り上げたい発言は、エンゲルスが「エルフルト綱領批判」（一八九一年）で書いたつぎの言葉です。

（二）「人民の代表機関が全権力を自らに集中し、人民の大多数に支持されるやいなや、望むことを何でも合憲的に実行しうる国々では、古い社会が成長して平和的に新しい社会に入りこむこともありうると考えられる。つまり、フランスやアメリカのような民主共和国の場合や、……王家が人民の意志に対して無力であるイギリスのような君主国の場合でならば、そういうことも考えられる」（選書九二ページ、㉒二四〇ページ）

古い社会が成長して平和的に新しい社会に入りこむこともありうる国の一つとして、エンゲルスもイギリスを挙げています。その際に彼が書いている、人民の代表機関が全権力を自らに集中し、人民の大多数に支持されるやいなや望むことをなんでも合憲的に実行しうるという規定が制度上明確に該当するのは国民主権の民主共和制です。イギリスは立憲君主制であって民主共和制ではありませんが、実態としては右の規定にあてはまるということなのでしょう。

ところで、マルクスのハーグ演説や取締法案メモ及び右の（一）『資本論』英語版序文は、どれもフランスが第三共和制になった後のものなのですが、そこにはフランスの名はみえません。しかし、右の（二）エルフルト綱領批判にはフランスの名も見えます。その時点では、反立憲主義のマクマオン辞職から一二年、マルクス逝去から八年が経っていました。その間、人民の代表機関が全権力を自らに集中し、人民の大多数に支持されるやいなや、望むことを何でも合憲的に実行しうるということが、フランスの制度や風習にも定着してきた、同国も社会発展が合憲的・平和的に進行しうるところまでようやく手が届き始めたということなのでしょう。ただし、それは可能性があるということであって、可能だと断言しているわけではありません。かつて第一共和制も第二共和制も軍事クーデタによって転覆された歴史があるフランスに関して、「支配層が合法性をくつがえす」（注）危険性への警戒心を彼がなくすことはありませんでした。

（注）Eからポール・ラファルグ宛の一八九二年一一月一二日付手紙、㊳四五〇ページ。

第三節　民主共和制は、すっかりできあがっている政治形態

そのフランス第三共和制下で活動していた同志ポール・ラファルグ宛の手紙で、エンゲルスはつぎのように書いています。

「プロレタリアートにとって、共和制が君主制と違うのは、それがプロレタリアートの将来の支配にとってすっかりできあがっている（toute faite）政治形態であるという点だけです。あなたがた〔フランス人〕は、すでにそれをもっているという点で私達〔ドイツ人〕よりも有利です。私達それ以外の者、私達は共和制をつくるために二四時間を費やさなければならないのです」（一八九四年三月六日付、『書簡』下、二五四ページ。㊴一九五ページ。原文フランス語）

プロレタリアートが支配の座について国家運営を行なうためには、現在の国家形態が君主制ならば、例えばドイツ帝国のような軍事的専制政府の場合は、人民主権の承認という民主主義革命が必要です。イギリスのような立憲君主制の場合でも、憲法の民主的改造が必要です。

しかし、第三共和制で民主共和制がすでに定着したフランスは違うというのです。フランスでは、国家の階級的な本質としてプロレタリアートの支配を実現するのは将来になるが、それに先立って、そのための政治形態だけはすでにすっかりできあがっているのであって、民主共和制がそれだというのです。

第四節　あらかじめ人民の大多数を獲得して革命権を実りあるものに

彼が最晩年に最も強調したのは、あらかじめ人民の大多数の支持を獲得することでした。

「フランスにおいてさえも、社会主義者はあらかじめ人民の大多数を……獲得しない限りは、永続的な勝利はありえないということをますます悟ってきている。宣伝と議会活動という気長な仕事が、この国でもまた党の当面の任務として認められている。……／いうまでもなく、そうだからといって外国〔フランスなど〕の我が同志達が、革命権を放棄したわけでは決してない」（「『階級闘争』序文」『多数者』二六二～三ページ。㉒五一九～五二〇ページ）

フランスの社会主義者はマクマオンの反立憲主義の際に、共和制の維持を優先してブルジョア共和派に投票を集中しました。第三共和制が定着したいま、彼らは宣伝と議会活動という気長な仕事に取り組んでいるというのです。ただし彼らは、革命権そのものを放棄したわけでは決してないというのです。革命権を行使する形態が、民主共和制が定着してきたことによって変わったというのです。永続的な勝利を得るため、あらかじめ人民の大多数の支持を獲得するため、宣伝と議会活動という形態に変わったというのです。気長に、しかし着実に社会を変えていくという形態に発展したのだというのです。

フランスに関して右のように書いた上で、エンゲルスは祖国ドイツの同志達の仕事についてもつぎの通り書いています。

「我々は、今世紀の終わりまでに、社会の中間層、小ブルジョアや小農民の大多数を獲得」する（同前選書二六三ページ。㉒五二〇ページ）

外見的立憲主義のドイツ帝国でも、賃金労働者だけでなく、社会の中間層、商店主などの小ブルジョアや小農民の大多数の支持を獲得することが変革を根本的に準備することになるのだというのです。

フランスのように民主共和制がすでに実現している国であれ、ドイツのようにまだ実現できていない国であれ、いずれにしても、あらかじめ人民の大多数を獲得することが肝心だというのです。右の通り書き残してから五か月後、ドイツの転覆活動取締法案成立阻止から三か月後、一八九五年八月五日、エンゲルスは生涯を閉じました。

第三篇の小括

立憲君主制諸国では、ベルギーで労働者階級のストライキが武力で弾圧されました。しかしイギリスでは、労働時間の法律による制限が男性にも拡大され、選挙権も漸進的に拡大されていきました。民主共和制のアメリカ合衆国では、合憲政府が憲法の字句から外れないように細心の注意を払いながら、官僚的・軍事的機構を掌握して、奴隷制という旧制度を廃棄する革命的な戦争遂行を成功させ、奴隷制を禁止する憲法修正も実現しました。イギリスやアメリカ合衆国のような真正な立憲主義の国においては、議会で多数を占めることによって、合法的な道で社会発展の道を邪魔している諸法律や諸制度を排除できることにマルクスは注目しました。

彼は立憲君主制のイギリスを社会革命が平和的で合法的な手段によって、完全に遂行されうる国と評価していました。エンゲルスは晩年、立憲主義の英米仏三国を人民の代表機関が全権力を自らに集中し、人民の大多数に支持されるやいなや望むことをなんでも合憲的に実行しうる国、古い社会が成長して平和的に新しい社会に入りこむこともありうる国と評価しました。

　しかし、プロイセン王国・ドイツ帝国の立憲主義なるものについては、それが偽装、外見に過ぎないと二人は見極めました。ただし、その下でも普通選挙権や議会を活用し、立憲的自由を粘り強く前進させるように勧め、民主共和制実現を当面する革命の目標とするように助言しました。軍事的専制政府による社会主義者取締法を根拠にした鉄と血の弾圧に対しては、党機関紙の国外発行などを援助しました。そのように抵抗権を粘り強く行使し続けた結果、同法延長を阻止し、党は合法性再獲得にようやく手が届いたのでした。そういう党に、彼は再び合法的手段でやってみるように勧めました。

　オーストリア帝国については、絶対主義から外見的立憲君主制、さらに初歩的な立憲主義へと進む過程を見定めながら、選挙権拡大運動や党機関紙日刊化などを励ましました。

　フランス第二帝政を現実の専制と見せかけの民主主義、外見的立憲主義と呼びました。それが崩壊して第三共和制が宣言された直後には、共和制の自由という機会を穏やかに決然と活用するように呼びかけました。

　第三共和制憲法下で首相人事承諾を否決した議会を軍人大統領マクマオンが停止して（—後に解散）、代議制度による執行権力の制限から逸脱しとき、それをマルクスは反立憲主義と呼びました。民主共和制が立憲主義を不可欠の契機として内包しているという理解を彼がしていることが、明確に見て取れます。そのとき、同国の労働者階級はブルジョア共和派に投票を集中し、共和主義者として行動して、立憲主義擁護に大きく貢献しました。そういう危機を経て定着した民主共和制を、エンゲルスは「プロレタリアートの将来の支配にとってすっかりできあがっている政治形態」と規定しました（注）。
（注）それから二十数年後、ドイツ帝国は第一次世界大戦で崩壊して民主共和制になり、ワイマール憲法で社会

反ファッショ人民戦線結成のきっかけとなった1934年2月6日のデモ。「ファシズムを倒せ」というプラカードが見えます

権が明記されました。

フランスでは、第三共和制の下で政教分離法が成立し（一九〇五年）、その後、ファシズムに反対して神を信じる者も信じない者も力を合わせる共同が成立しました。政党としては（農民などが支持基盤の）急進、社会、共産の三党が参加して普通選挙で勝利し、連合政権が樹立されました（一九三六年）。その下で、週四〇時間労働制や有給休暇制度・バカンスなどが実現しました。一九四五年には、選挙権が女性にも拡大して真の普通選挙が確立しました。

（上）人民戦線政府の下で実現したバカンスを使って海水浴にきたカップル。以前の、有給休暇制度がなく、日曜日しか休みがなかった時代では、海から遠い内陸都市（例えばパリ）在住の賃金労働者は日帰りで海にでかけることができませんでした

（下）人民戦線政府の下、運賃の 40％を国が補助するバカンス列車も走りました。第三共和制成立から数十年、多くの人々の願いを合法的・平和的に実現できる時代がみえてきたのでした

最終篇

立憲主義という観点から二人の未来社会論を読む

「同時代の諸社会を束にしたものでさえ、地球 [Erde = earth] の所有者ではない。彼らはその占有者、その用益者にすぎず、……地球をよりよく後継者世代に遺さなければならないのである」(『資本論』)

(最終篇の概要)

未来の社会主義的変革に関する2人の議論に登場する「政治形態」は、専ら「民主共和制」だけになります。そういう社会主義的な未来社会に関する2人の発言を、立憲主義という観点から以下簡単に辿ってみます。

第一節　利潤第一主義という鎖を解く社会主義

平等権を持っている人々の大多数が貧しい実態

封建的な古い特権や差別を仮にすべて解消して法律の上で同権を謳ったとしても、なおかつ未解決で残る問題が資本主義にはあります。

「資本主義的生産は平等権（Gleichberechtigung）をもっている人々の大多数が貧しい生活に必要なものしか手に入らないようにしている」（E『フォイエルバッハ論』一八八六年、選書六二ページ、㉑二九三ページ）

そういう問題を解決するために、社会主義的な未来へ進んでいこうというのです。

賃金労働者がつくる、さらに多くの価値が積み上げられて資本になる

資本主義からそういう問題がなくならないのはなぜでしょうか？　資本家と賃金労働者とが雇用契約を結ぶ場合、契約しようと断ろうと、労資どちらの側も自由であり、その点で両者は平等権をもっています。ただし、賃金労働者は自分では工場などの生産手段を所有していませんので、働くためには、生産手段をもっている資本家に雇ってもらう以外にありません。そういうわけで、資本家が提示する賃金水準が低くても、雇用条件が劣悪でも、それで生活が何とか成り立つのであれば、それに同意する以外に選択肢のない労働者が多数います。そういう労働者の賃金水準は、労働市場全体の標準を形成する方向に作用します。こうして、労働者は法律上の規定としては資本家と平等であるにもかかわらず、そのような実質的な力関係のせいで「賃金奴隷」(注)に貶められ、大多数が貧しい生活に必要なものしか手に入らないようになります。

（注）『資本論』第三部MEW第二五巻六〇九ページ。

他方、資本家の方は雇った労働者を働かせて利潤を得て、その一部を追加投資に回し、資本をさらに増大させていきます。

「資本家は、自分の労働者の労働力を商品として商品市場でもっている価値いっぱいに買う〔等価交換の〕場合にさえ、それに対して支払った〔賃金。例えば、一日一万円〕よりもさらに多くの価値（mehr Wert）〔例えば、一日三万円〕をその労働力からたたきだすということ。そして、この剰余価値（Mehrwert）が結局のところ、有産階級の手中に絶えず増大する量で積み上げられていく資本の元である価値総量になっているのだということ。これらの諸事実が〔『資本論』で〕証明されたのである」

（E『反デューリング論』選書、上、四三ページ。⑳二六ページ）

貧富の両極蓄積と利潤獲得の自己目的化という転倒現象

剰余価値の再投資による拡大再生産は生産力を発展させ、それとともに資本の自己増殖が進んでいきます。その過程で、資本家は利潤第一主義に徹するとさらに裕福になり、そうでないと競争に敗れて没落します。そのせいで資本家自身も利潤獲得競争に駆り立てられ、利潤獲得を何よりも最優先するようになり、資本の運動論理に同化する「人格化した資本」（注1）となります。その下で、労働者の方は「人間材料」（注2）としてモノ扱いされるようになります。

このように資本主義においては、元々は人がつくりだした生産手段が資本となって、逆に人々を支配し、〝少数の人格化した資本と、大多数の賃金奴隷――人間材料〟という両極に人々を縛りつける転倒現象が生まれます。そして、人や自然を犠牲にしてでも利潤獲得を優先する利潤第一主義が社会全体を覆いつくし、際限なく深刻化していきます。

（注1）『資本論』第二部MEW第二四巻一三一ページ他。

（注2）同前第二三巻四九五ページ他。

生産者と生産手段の分離の克服――一体性の実現

そういう転倒現象を解消するためには、資本の自己増殖の根源である剰余価値が生産されて資本家に搾取される仕組みそのものを解消することが必要です。

ところで、簡単な手工業であれば、道具や材料を所有している生産者が自分でつくったものは、できたときから生産者のものです。その場合、生産物を販売して得た代金から原材料費や道具の消耗費および自分の労賃相当額などを差し引いた後に、それらを上まわるさらに多くの価値があれば、それも生産者自身の手もとに残ります。さらに多くの価値・剰余価値が他人（資本家）の手に移ることはありません。その例を考えても明らかなように、剰余価値の資本家による搾取を根本的に解消するためには、労働者自身が生産手段を所有することが必要です。すなわち、生産者と生産手段との一体性を実現することが根本策になるのです。

その際、法律による労働時間の短縮は賃金労働者を守るための強力な社会的バリア（『資本論』前出）になりますし、社会権の実現・充実に基づく行政の手段および能力（「批判的論評」前出）の活用は困窮者救済や労働者階級の生活の底上げに大きな役割を果たします。とはいえ、そういう社会的なバリアやセーフティネットを法律によって設けたとしても、経済自体の法則としては、賃金労働者が生産手段を所有していない限り、剰余価値の搾取と資本の自己増殖・利潤第一主義は依然として進行し続けます。ですから、それらのバリアやセーフティネットの建設・拡充を進めながらも、より根本的には経済活動の目的を利潤第一から人々の生活第一へ転換することが必要なのであり、そのためには生産者と生産手段との一体性を実現することによって剰余価値の搾取をなくすことが肝心です。

ところが、簡単な手工業の道具などと違って、大型機械や工場などの大規模な生産手段は、分解して労働者個人個人で分割所有するというわけにはいきません。ですから、大型機械や工場などは、それらの生産手段を実際に操作して生産を担っている労働者の集団（あるいは、それを代表する資格をもつ社会）の所有に移すという課題がでてきます。そのためには、それらの生産手段の従来の所有権をどう扱うかという問題もでてきます。また、そのように社会全体の仕組みを変える大変革を遂行していくとなると、そういう変革を推進する国民的規模での合意と、国家的・政策的な意志も必要です。そのためには、賃金労働者階級（と諸階級の共同）があらかじめ人民の大多数の支持を獲得して政権の座につくことが必要です。

第二節　民主共和制はプロレタリアートの執権に打ってつけの形態

そのことについて、マルクスはゴータ綱領批判でつぎの通り述べています。

「資本主義社会と共産主義社会との間には、一方から他方への革命的転化の時期がある。この時期には、政治的な過渡期が照応し、この過渡期の国家はプロレタリアートの革命的執権（Diktatur）以外にあり

えない」（選書四三ページ、⑲二八～二九ページ）

社会が資本主義から共産主義へ変わっていく過渡期の国家はプロレタリアートの執権であり、労働者階級が国家権力の全体を握りながら革命的転化を進めることになるというのです。

その際の国家の形態については、エンゲルスがつぎの通り明確に発言しています。

「民主共和制は、……プロレタリアートの執権（Diktatur）に打ってつけの（spezifische）形態なのであって、そのことはすでにあの偉大なフランス革命が示しているとおりなのである」（「エルフルト綱領批判」選書九四ページ、㉒二四一ページ）

民主共和制という国家形態の下では、ブルジョアジーとプロレタリアートとのたたかいは、普通選挙を通じて行なわれます。その都度の選挙結果に基づいて力関係が変わっていき、当選者のうちで労働者階級の代表が多数を占める状態が十分に安定し、政府を樹立して、官僚機構と軍事機構など、国の機構の全体を名実ともに掌握し、行政機構が国民本位の政策の担い手としてしっかり働くところまで改造を進めると、国家の階級的本質はブルジョア支配からプロレタリア執権に移行します。その後も、民主共和制はプロレタリアートの執権に打ってつけの形態として続くことになります。

第三節　主要な生産手段の社会化と立憲的な配慮

では、社会の経済的変革はどのように進めるというのでしょうか？

二人の考え方は、主に農業に関する発言に残されています。そこで彼らは小規模家族農業の場合と、大農場経営・大企業の場合とを区別していました。以下、彼らの発言を小規模家族経営の方からみていきます。

⑴自営農・私的経営――強制的に彼らの所有関係を侵害することはない

自営農では生産者と生産手段とが一体ですから、自分で生産した成果はすべて自分のものになり、他人が搾取することはおこりません。したがって、生産者と生産手段とが一体である所有関係を変える必要はありません。ですから、エンゲルスはつぎのように述べています。

「彼ら〔農民〕の意志にさからって強制的に彼らの所有関係を侵害することはない」（E「フランスとドイツにおける農民問題」一八九四年――以下、「農民問題」と略――、『多数者』二三〇ページ。㉒四九六ページ）

では、所有の相続はどうなのでしょうか？ マルクスはつぎのように発言しています。

「あらゆる労働手段を社会化して、各人が自分の労働力を行使する権利と手段をもつようにすべきだ。もしそのような状態になれば、相続権というものは無用になるだろうが、そうならない限り家族相続権というものが廃止されることはありえない。人々が我が子達のために貯蓄する主な目的は、その子達に生活手段を確保するためなのだ。もしある人の子どもが、彼の死後も生活の糧をあてがわれるのであれば、その糧を手に入れる場を子どもに残すことを彼は気にしないだろう。だが、このことが現実にならないかぎり、それ〔相続権の廃止〕は困難をもたらすだけだろうし、人々を怒らせ恐れさせ、よいことには決してならないだろう」（一八六九年七月二〇日の国際労働者協会総評議会議事録から、⑯五六〇～一ページ）

財産権は子孫への相続も含めて尊重するというわけです。

とはいえ、自営農民にはつぎのような問題があります。

「資本主義的大規模生産が彼らの無力な古い小経営を押しつぶす」（E「農民問題」、『多数者』二三一ページ。㉒四九七ページ）

つまり、自営農民にとって本当の脅威は、資本主義的大企業との市場競争にあるというのです。そこで、エンゲルスはつぎのように書いています。

「小農に対する私達の任務は、何よりも強制ではなく、実例とそのための社会的援助の提供とによって、小農の私的経営と私的所有を協同組合的なものに移行させることである」（同前二二八ページ。㉒四九四ページ）

自営農民が資本主義的大規模生産との競争に負けない合理的・近代的な経営に自己改革するために協同組合的なものに移行することを考えるのであれば、いくらでも援助するが、決して強制で押し付けることはしないというのです。協同組合的なものの実例をみた当事者自身が納得し、安心した上で、それに自発的に移行する決心がついたときは援助するというのです。

強制的に所有関係を侵害することはないということ、協同組合的なものへの移行にあたっては自発性が尊重される、という右の原則を書いた際に、彼が直接の問題対象としていたのは、当時、仏独両国で人口の多数を占めていた自営農民です。しかし自営商工業者でも、事柄の性質に根本的な違いはありません。

⑵大農場経営・大企業――最も安あがりな道は全部残らず買いとることができた場合

では大企業についてはどうなのでしょうか？　当時、プロイセンの農村では、領主階級（の子孫）が土地を小作人に貸すのでなく、賃金労働者を雇って自ら経営するようになっていました。地主と資本家と経営者とを兼ねるようになったのです。そういうプロイセン式の大規模農業経営に関して、エンゲルスはつぎのように書いています。

「ここにあるのはあからさまな資本主義的経営であり」、「ここには大勢の農業プロレタリアートが私達の前にいる。」「大土地所有者〔の土地と資本〕はあっさり収奪することになるのであり、それは製造業における〔大〕工場主の場合と全く同様である。この収奪に果たして補償がつくのかつかないのか、大部分は私達の考えにではなく、私達がどういう状況の下で権力を手にするようになるのかということに、しかもとりわけ大土地所有者諸氏自身の自制的態度にかかっていることであろう。補償はどんな事情の下でもすべきでないなどとは私達は決して考えない。マルクスは私に――何度も！――彼の考えを語ったのだが、それは私達が最も安あがりな道を進むことになるのは全部残らず買いとることができた場合だというのである」（「農民問題」。『多数者』二三四～五ページ。㉒四九九ページ）

主要な生産諸条件の所有を社会の手に移すことについて、旧封建領地以来の大土地所有に関する方針は、自営農に対する方針とは区別されます。そういう大土地所有は、歴史を古代に遡ると元々はゲルマン民族が共同支配していた土地を族長など（とその子孫）が私物化していき、世代的な変遷を通じて封建領地にしたものであるとマルクス達は理解していました（注）。そういう大土地を現に耕している人々の所有にすることは、歴史的な本来の姿を回復することを意味するので、その場合については自営農民の場合と異なり、強制的に彼らの所有関係を侵害することはないという記述はありません。むしろ、あっさり収奪することになると書いています。

（注）もっというと、マルクスは土地所有ということをつぎのように理解していました。

〔未来の〕「もっと高度な経済的社会構成体の立場からは、個々の諸個人による地球（Erdball）の私的所有ということは、ある人間による他の人間の私的所有と同様、まったくばかげたもののように見えるであろう。ある社会全体でさえ、ある国民でさえ、それどころか同時代の諸社会が束になったものでさえ、地球〔Erde＝earth＝大地〕の所有者ではない。彼らはその占有者、その用益者にすぎず、〝よき家父たち［boni patres familias］〟として地球をよりよく後継者世代に遺さなければならないのである」（MEW第二五巻七八四ページ。傍点強調は草稿。boni patres familias は、古代ローマ法で慎重な分別ある大人を指す。）

とはいえ、補償はどんな事情のもとでもすべきでないなどとは決して考えないとも書いています。大土地所有者に補償を支払い、それと引き換えに土地や資本を円満に買いとることができれば、それが最も安あがりだというのです。アメリカの南北戦争の際、合憲政府は奴隷達のために自由を買いとりました。そのときに反逆することなく代償と引き換えに奴隷を手放した穏健な奴隷主と同じように、プロイセンの大土地所有者も反逆することなく買いとりに応じる自制的態度を取ってくれれば、無用な犠牲も破壊も避けることができます。封建領地以来の大土地経営についても、所有権を補償つきで買いとるという合法的手段によって、合憲的形態によって行なうことができれば、それにこしたことはないというわけです（注）。

（注）日本では半封建的大土地所有者からの土地買い取りは敗戦後の農地改革により、山林を除いて既に済んでいます。

旧封建領地の補償つき買い取り構想は、先にみた、平和的で合法的な手段による社会革命に対する「奴隷制擁護の反乱」への警戒とあいまって（『資本論』英語版へのE序文）、米国南北戦争におけるリンカーン政権のふるまいから学び取ったあとがうかがえます。リンカーン政権は、南軍の反乱に対して、自分達が合憲政府であるという決定的な政治的優位性を終始にぎり続け、憲法の字句から外れることがないように細心の注意をはらい、反逆しない忠誠な奴隷主には大金も支払って奴隷達のために自由を買いとりました。そのように、奴隷制という旧制度を廃止する過程で示された経験と教訓を、将来は資本主義制度の廃止という過程でも応用しようとマルクス達は考えていたのではないでしょうか。

株式会社は社会主義への通過点

以上は旧領主階級直営の資本主義的大規模農業の場合ですが、大工業などでは別の要素が加わってきます。企業は創業当初は創業者が自己資金を元手にして自分で経営する場合が少なくありませんが、成長すると多くの場合、経営規模拡大に必要な資金調達のために株を発行して株式会社になります。それにともない、会社の経営に直接従事する資本家の他に、株を所有してその配当金を受け取るだけで経営に携わらない資本家が増えていきます。同時に、いわゆる雇われ経営者も増えていきます。「現実に機能している資本家の、他人の資本の単なる管理人・支配人〔雇われ経営者など〕への転化、そして、資本所有者達の単なる所有者達、単なる貨幣資本家達〔株主など〕への転化」（『資本論』第三部、MEW第二五巻四五二ページ）

資本主義経済の発展とともに、資本（株）はさらに大規模になり、資本の所有権はさらに多数の株主へ分散し、証券市場が発展して株の自由売買・流通・流動化も進みます。銀行などによる他社株の保有も普及します。中央銀行なども発達していきます。そのように、資本主義経済が高度に発展すればするほど、市場の自由取引を通じて株（資本――生産手段の所有権）の買いとりを円滑に進められる条件も成熟していきます。そこでは進歩的な意識をもつ各分野の労働者が他人の資本の単なる管理人・支配人という業務も十分にこなせるほど事柄に精通し、習熟していくことが重要です。

「株式会社……。資本主義的生産の最高の発展のこの結果こそ、資本が〔実際に労働している〕生産者達の所有に、……結合した（assoziierter）生産者である彼らの所有に、つまり直接的な社会的所有に、再転化するための必然的な通過点なのである」（同前四五三ページ）

賃金労働者から生産の主人公への止揚

以上のような、労働者階級の執権下の経済的変革について、マルクスはつぎのように書き残しています。

「それはつまり、プロレタリアートが個別的に経済的特権階級とたたかうかわりに、彼らに対する闘争で公共的強な強制（allgemeine Zwangs）手段を用いるだけの勢力と組織を勝ち取ったということなのである。プロレタリアートが用いることができるのは、賃金労働者（salariat）としての、したがって階級としての彼ら自身の性格を止揚するような、経済的手段だけなのだ」（バクーニンの著書『国家制と無政府』摘要へのMのコメント――以下、「摘要」と略、⑱六四三ページ）

民主共和制下でプロレタリアートがあらかじめ人民の大多数の支持を獲得し、普通選挙を通じて政権の座につくと、主権者国民から信託される強制手段を発動する対象は経済的特権階級だけだというのです。ただし、それは個別的にたたかうかわりに公共的な手段を用いる、それも経済的手段だけだというのです。税制や財政あるいは経済法制などを活用するということなのでしょう。

株式の公費買い上げなど、公共的な経済的手段によって生産手段の社会化が実現すると、生産手段を実際に使って労働している人々（あるいは、それを代表する資格をもつ社会）がその生産手段を法的にも所有するようになり、生産者と生産手段が名実ともに一体になります。生産者はsalariat、すなわち賃金と引き換えに使役されている状態から脱して、自分自身が主人公として働くように止揚されます。

個人的所有の再建

そういう生産者が共同で作った豊かな生活手段は生産した人々自身のものとなり、人々は共同で生産した成果を（高齢者や子ども及び障がい者や傷病者などのための社会保障費などを控除した上で）個人個人に分配し、だれもが真に豊かな生活を送るようになります。

高度に発展した生産手段と生産者達の組織的協業、さらに生産手段の共同占有――そういう成果を基礎にした生活手段の「個人的所有（individuelle Eigentum）」が「再建」されるのです（『資本論』第一部MEW第二三巻七九一ページ）。

その豊かさとは、他人が生産した成果を搾取した上での豊かさではなく、自分達自身が生産した成果を自分達自身で享受する、しかも、浪費的という意味でなく、人も自然も大切にするという意味での、真の豊かさです。こうして人々は、だれもが一人一人尊重される経済生活の主人公になります。

第四節　階級の廃止で決着するまでの国家形態は民主共和制

階級の廃止

生産者と生産手段との一体化が進むと、それまで生産手段が帯びてきた、他人（賃金労働者）を搾取するための資本という性格は解消されていきます。そこに残るのは、生産に励む生産者と生産に役立つ生産手段、というありのままの姿です。資本は人々を〝人格化した資本か大多数の賃金奴隷・人間材料か〟という両極に縛り付けてきたのですが、そのように人々を縛り付けてきた資本という〝鎖〟は幻のように消えていき、階級分裂が最終的に克服されます。そのことについて、エンゲルスはつぎのように述べています。

「プロレタリア的な平等の要求の本当の内容は、階級を廃止せよという要求なのだ。どんな平等要求もこれを越え過ぎていくものは、必然的にばかげたものになってしまう」（『反デューリング論』、選書、上、一五三ページ。⑳一一一ページ）

平等といっても、人々の必要や価値観は一律ではなく多様です。自然が豊かな田舎暮らしが好きな人もいれば、機能的な都会生活を望む人もいます。多く働いて収入を多く得たい人もいれば、基本的に暮らせるだけの収入があれば自由時間を多くほしいと願う人もいます。同一人物でも、生涯の様々な時期に応じて、それらの選択が変化することもあります。そのように質的に異なる多様な生活要求に応える政策を工夫しても、何が完全な平等であるかを判定できる客観的・一義的な基準が存在するわけではありません。しかし、そういう選択の自由を豊かにし、選択の自由が階級によって不平等であることを廃止すること、法律の下だけでなく経済的な実態においても廃止することは可能です。

民主共和制において、階級闘争が決着するまでたたかい抜かれる

そういう階級の廃止という結果をもって、階級闘争は最終的に決着します。労働者階級の政権が樹立されて以降、階級廃止までの過程を一貫する政治形態は民主共和制です。

「民主共和制……まさにブルジョア社会のこの最後の国家形態においてこそ、階級闘争が完全に決着するまでたたかい抜かれることになる」（M「ゴータ綱領批判」、前出）

右の箇所でマルクスは、たたかうとだけ単純に書くのでなく、決着するまでたたかい抜かれると書いています。階級闘争は、明確な最終決着に至るまで続くというのです。その決着とは、搾取する階級と搾取される階級との立場が逆転するということではなく、階級分裂そのものの廃止を指しています。階級の廃止によって元資本家（の子孫）も元賃金労働者（の子孫）も対等の生産者になります。そして、両者はどちらも「人間的自己疎外」（前出『聖家族』）から解放された自由な人間、いわばノーサイドの人間同士、つまり「類的存在」（前出「ユダヤ人問題」）になっていきます。そういう階級廃止に辿り着くまで、民主共和制という国家形態が終始つらぬかれるというのです。資本主義社会における労働者階級の政権獲得――労働者階級の執権下で主要な生産手段を労働者集団（あるいは社会）の手に移す、生産手段の社会化――階級の廃止――という全過程で、国家形態としてはまさに民主共和制が貫かれるというのです。

補論――プロレタリアートの執権論は、マルクスやエンゲルスとレーニンとで異なる

ところで、右にみたプロレタリアートの執権について、レーニン（一八七〇〜一九二四）が数十年後にマルクスの学説と呼んで議論を展開したことがありますので、以下、補論としてコメントしておきます。レーニンは『国家と革命』（一九一七年）でつぎの通り書いています。

「マルクスによって、国家や社会主義革命の問題に適用された階級闘争に関する学説は必然的に、プロレタリアートの政治的支配、その執権（диктатуры）（注）、すなわちだれとも分割できない、大衆の武装力に直接立脚した権力の承認に導く」（新日本文庫四〇ページ。『レーニン全集』第二五巻四三六ページ）
「単なる武装した大衆の組織（先まわりしていえば、労働者・兵士代表ソビエトのような）」（同前一一四ページ。五〇一ページ。注、「ソビエト」は「会議」の意味のロシア語）

（注）「диктатуры」（ディクタトゥールィ）は「Diktatur」（執権）のロシア語表記。

右の引用箇所でレーニンは、プロレタリアートの執権をだれとも分割しえない、大衆の武装力に直接立脚した権力と規定し、マルクスの学説はそういう権力の承認へ導くと書いています（ただし、どのようにして「導く」ことができるのかは説明していません）。そして、プロレタリアートの執権の具体例として、労働者・兵士代表ソビエトを挙げています。それは、労働者と兵士の代表の会議であって、成人住民全体からの代表が集まる会議ではありません。会議参加者には地主、資本家、商店主、医師、僧侶などは含まれません。しかし、そういう普通選挙制に基づかない、労働者と兵士の代表達の会議による政治的支配と権力掌握を承認するのが、マルクスの学説の導く結論だとレーニンは説いているのです。本当にそうなのでしょうか？　そのことを確かめるため、マルクス自身の発言をつぎに改めて引用します。

プロレタリアートの執権形態＝民主共和制——マルクスの叙述

プロレタリアートの執権に関して、マルクス本人が残している叙述はつぎの通りです。

「資本主義社会と共産主義社会との間には、一方から他方への革命的転化の時期がある。この時期にはまた政治的な過渡期が照応するのであり、この過渡期の国家はプロレタリアートの革命的執権（Diktatur）以外にありえない」（前出）

「民主共和制……まさにブルジョア社会のこの最後の国家形態においてこそ、階級闘争が完全に決着するまでたたかい抜かれることになる」（前出）

右の叙述は、先に見たゴータ綱領批判において、普通選挙権などが民主共和制においてのみ効力をもつと書いた上で、民主共和制を要求する勇気をもつように助言した際の叙述です。資本主義社会から共産主義社会への革命的転化の過渡期の国家の階級的本質はプロレタリアートの革命的執権であり、その間に階級闘争がたたかい抜かれる主要な政治的場面となる国家の形態はまさに民主共和制だ、というのがマルクスの見解です。

普通選挙制についていえば、彼は共和国の「北アメリカの多くの州で行なわれたように、選挙資格および被選挙資格に関する納税条件を人が廃止する」ことについて、「国家が、生まれや身分や教養や職業……の相違の斟酌なしに人民各成員を人民主権への平等な参加者であると布告する」と書いていました（以上「」内は前出「ユダヤ人問題」）。民主共和制の人民主権を具体的に保障する制度は、選挙資格および被選挙資格に関する納税条件の廃止であり、職業などの相違の斟酌なしにすること、すなわち普通選挙制でした。

一八四八年の「ドイツにおける共産党の要求」でも、全ドイツを単一不可分の共和国にすることと、二一歳以上の（男女）各ドイツ人は選挙人であり被選挙資格があること（普通選挙権）の実現などを提起していました。第三共和制下のフランス労働党の綱領で、普通選挙権を解放の用具と規定しました。

プロレタリアートの執権形態＝民主共和制――エンゲルスの規定

エンゲルスはつぎの叙述を残しています。

「何か確かなことがあるとすれば、それは、我が党と労働者階級が支配の座につけるのは、民主共和制という形態の下においてだけだ、ということである。この民主共和制は、しかもその上プロレタリアートの執権（Diktatur）に打ってつけの形態なのであって、そのことはすでにあの偉大なフランス革命が示しているとおりなのである」（「エルフルト綱領批判」。選書九四ページ、㉒二四一ページ）

彼も民主共和制をプロレタリアートの執権に打ってつけの形態と位置付けていました。

普通選挙権についてはつぎの通り書いています。

「すでに『共産党宣言』が、普通選挙権の獲得、民主制をたたかいとることを戦闘的プロレタリアートの第一のもっとも重要な任務の一つとして宣言していた」（「『階級闘争』序文」、『多数者』二五五ページ。㉒五一四ページ）

『共産党宣言』には、民主制をたたかいとることという記述はありますが、普通選挙権の獲得という記述はありません。同宣言から間もない時期に発表された「ドイツにおける共産党の要求」で、単一不可分の共和国実現と普通選挙権実現を掲げたことと混同したのかもしれません。それはともかくとして、彼も普通選挙権と民主制とを不可分のものと捉えていました。

以上の通り、プロレタリアートの執権が実現される国家形態が民主共和制であることを、二人はどちらも直截明確に規定しています。それは、ゴータ綱領批判やエルフルト綱領批判など、綱領討議のために彼らが心血を注いで書いたものです。

プロレタリアートの執権という言葉によってマルクスやエンゲルスが指しているのは、民主共和制において普通選挙権を通じて国民から信託される権力、しかも立憲主義的な憲法によって制限された権力です。しかし、レーニンが書いた「大衆の武装力に直接立脚した権力」とは、そもそも普通選挙に基づく民主共和制を拒否する規定であり、マルクスとエンゲルスが実現を求めた民主共和制の権力とは原理的に相いれないものです（注）。

（注）レーニンの祖国ロシアは、二〇世紀に入っても資本主義の発展が遅れており、国家体制も皇帝専制の絶対君主制でした。第一次世界大戦に参戦した結果、国民生活が困難を極めて厭戦気分が広がり、そこから革命が起きて帝制は崩壊しました（一九一七年二月）。それを受けて成立したブルジョア臨時政府は、戦争中止を求める国民多数の意志に背いて戦争を続けました。近代立憲主義の議会が存在せず、臨時政府も戦争継続政策に立つ下で、世界大戦から抜けでる意志と実力をもつ機構は、ソビエト以外に存在していませんでした。そういう歴史的状況において、ソビエトは一〇月革命に踏み切り、平和の布告をだし、ドイツとの単独講和を実現して真っ先に大戦から抜けだしました。

しかし、同国はその後、「普通選挙権」に基づく「民主共和制」に移行することがないまま、ソビエト連邦崩壊に至りました（一九九一年）。

第五節　各個人の完全で自由な発展を基本原理とする、より高度な社会形態

以上のような経済的な変化に伴い、では政治的な仕組みということでは、社会にどういう変化が起きることになるのでしょうか？

多数決がなければ、どんな国家も存立できない

民主共和制下で労働者階級が政権の座に就いた後も、各個人の多様な私生活に国家が介入することはありません。しかし、防災や交通をはじめとする公共的なことについては、自治体や国家の関与は続きます。住民の生命・財産の安全を守るという、公共的な責任はむしろさらに重視されることになるでしょう。その場合、公共的な意思決定が必要な事柄については、民主的な熟議を通じて一致点・妥協点を最大限広げる努力を尽くすとしても、それでも不一致が残る場合は最終的に多数決で処理することにならざるを得ません。

「多数決がなく、したがってまた少数者に対する多数者の支配がなければ、どんな国家も存立できない」（E『反デューリング論』選書、上、一四七ページ。⑳一〇六ページ）

民主的な多数決についてもエンゲルスは支配という言葉を用いています。多数決は止むを得ないことではあるが、それでも多数者の少数者に対する、すなわち人による他人への支配ではあると彼はみているのです。

階級支配ということが消滅すれば、今日の政治的な意味での国家もない

そういう民主共和制において公人と私人を分離すること、多数の名においてであっても公権力が個人の私生活に介入しないことを、マルクスは政治的解放の完成と呼んでいました（前出「ユダヤ人問題」）。そういう民主共和制という国家形態におけるプロレタリアートの執権下で、主要な生産手段が社会の手に移され、階級が廃止されていくと、国家の在り方もさらに変容していきます。

「階級支配ということが消滅すれば、今日の政治的な〔階級統治の機関という〕意味での国家もない」（M

「摘要」⑱六四四ページ）
今日の政治的な意味での国家というのは、国家というものが帯びている階級支配のための機関、強制力に裏打ちされた人による他人への支配という側面を指しています。国家はそういう強制支配という性格を失っていくというのです。

国家権力は眠りこんでしまう、国家は次第に衰滅する

右の過程を、エンゲルスはつぎのように書いています。
「国家権力が社会関係に干渉することは、一つの領域から他の領域へつぎつぎに余計なものになり、やがてひとりでに眠り込んでしまう。人を統治することに代わって、物を管理し生産過程を指揮することが現れる。国家は『廃止される』のではない。それは次第に衰滅するのである」（E、『反デューリング論』選書、下、一五六ページ。⑳二八九～二九〇ページ）
国家権力が眠りこむのと入れ替わりに、物を管理し生産過程を指揮することが現れると彼はいいます。治山治水など社会的な集団による物の管理と生産過程の指揮――公共的な諸機能は、人類社会に国家が発生するよりも以前の時代からありました。太古の時代に国家が発生すると、そういう公共的な諸機能も国家が指揮するようになりました。以来、国家は階級的に人を統治する権力作用と、公共的な諸機能と、両面を担ってきました。社会主義的な未来においては、階級の廃止に伴って、国家特有の機能、すなわち人を統治する権力の方が次第に衰滅していき、それに伴って、国家発生以前から社会がもっていた公共的な諸機能、すなわち物を管理し生産過程を指揮することの方だけが国家の代わりに登場するというのです。

法律ということでは、人類史が階級分裂社会の段階にある時代には、支配階級が自分達の意志に国家意志、法律としての一般的な表現を与えてきました（前出、「ドイツ・イデオロギー」）。しかし階級が廃止され、その国家権力が眠り込んでしまうと、法律からも階級支配にかかわる要素が解消され、法律は「社会の共通の、その時々の物質的生産様式から生まれてくる利害や必要を表現するもの」になります（注、「」内は前出、M法廷陳述）。「人間そのものの肉体的および精神的存在を規制する諸法則〔Gesetze 諸法律〕」は、自然や社会の「必然性」や「事柄についての知識」に素直に即したものになっていきます（注）。

（注）「」内はE『反デューリング論』第一篇第一一節「道徳と法。自由と必然性」。選書、上、一六三ページ。⑳一一八ページ。Gesetze には科学の「諸法則」と国の「諸法律」の両方の意味があります。

選挙が公共的な諸機能の分担になる自治

国家権力が次第に衰滅した後に現われる、物を管理し生産過程を指揮するという公共的な機能は、ではどのようにして遂行されるというのでしょうか？　物を管理し生産過程を指揮する機能は、資本主義的株式会社では雇われ経営者など、他人の資本の単なる管理人・支配人達に委任することがほぼ一般的に普及しています。そこで、土地と労働手段の所有権が地主や資本家から労働者集団（あるいは社会）に移行すると、労働過程全体を指揮する職権を委任する主体も、地主や資本家から労働者集団（あるいは社会）に移行します。なお、そういう委任に応えられる経営管理業務に十分習熟した人々が労働者階級のなかに成長していることが、そこで大切になります。では、その委任はどのようになされるのでしょうか？　そのことについて、マルクスのつぎの記述が参考になります。

「ことは、共同体の自治とともに始まる。」「人が彼自身を支配するとき、彼はこの原理にしたがって自分を支配しない。なぜなら、彼はあくまで彼自身であり、他のものではないからである。」「選挙の性格は……経済的基礎に、選挙人相互の経済的関連にかかっている。その諸機能が政治的であることをやめるやいなや、／（一）統治機能は存在せず、／（二）公共的な（allgemeinen）諸機能の分担は実務上の問題となり、それはなんらの支配も生まない、／（三）選挙ということは今日のような政治的性格を一切もたない」（以上、「摘要」、⑱六四四ページ）

労働者階級の政権が実現したばかりの当初の段階については、彼は「公共的な強制手段」（同前⑱六四三ページ）と書いているのですが、しかし、階級支配が消滅した後のこの段階については「公共的な諸機能」と書いています。そこには強制という言葉はありません。人が他人から強制される場合は支配されることを意味しますが、そうでなく、「人が彼自身を支配する」場合は、もはや支配と服従という原理にあたらないというのです。それは共同体の自治であり、そこにおいては全体の総括的な指揮労働も公共的な諸機能の分業の一環となります。諸機能のうちのどの機能をだれが分担するのか、その選挙はどのように行なうのか？　――というと、それは選挙人相互の経済的関連を配慮して、実務的に配置すればそれですむようになるというのです。

そのように各人が自分自身の自由な主人である人々が生産過程で取り結ぶ関係は、資本家と賃金労働者との関係のような支配・服従関係ではなくなって、共同で生産する対等な仲間という関係です。対等な仲間同士の分業のなかで指揮機能を分担するように仲間から委任される人（々）に対して、その人（々）に指揮を委任した側の人々の方も協力することになります。それは、指揮者による強制支配という性格を帯びない、いわば各人の納得に基づく自発的な協力に支えられた指揮です。

階級分裂社会の所有に基づく指揮から、実務的な選挙に基づく分担としての指揮に代わることによって廃止されるのは、強制支配ということなのであって、指揮ということ自体は分業の一環として続くというのです。

国家とブルジョア社会の止揚

ところで、マルクスは青年時代に書き付けていたメモ（第三章第三節）のなかでつぎのように書いていました。

「（九ノ二）選挙権。国家とブルジョア社会の止揚のためのたたかい」

国家とブルジョア社会が止揚されるとは、どういうことでしょうか？

主要な生産手段を社会の手に移すことによって、市民社会、すなわち私人としての私生活の領域では、経済的搾取と階級分裂がなくなります。人間が営利のための手段・賃金奴隷・人間材料に貶められるという様相が解消されます。しかし市民的自由の方は保持され、高度な科学技術や生産力など、資本主義時代に築かれた成果も保持されて、人間や自然に優しい合理的な技術がさらに発展させられ、人間性にかなった合理的な労働が可能になります。各個人の自由は、国家権力による不当な抑圧・侵害を受けないという自由だけでなく、豊かな生活手段と自由時間という実質的な裏づけにおいても、積極的に保障されるようになります。

つまり、資本主義時代の市民社会、ブルジョア社会にある経済搾取などの否定的な要素は解消されるけれども、私生活における各個人の自由や経済的生産力などの肯定的な成果は保持されてさらに高度に発展させられます。

ブルジョア社会における階級分裂が解消されると、市民社会から選出される議員によって構成される代議制議会も、階級分裂を帯びることがなくなります。「ブルジョア共和制」において資本家が賃金労働者から搾取する資本主義制度の枠内に労働者階級を閉じ込めることも、その逆に「プロレタリア執権」の国家による公共的な強制を資本家階級が受けることも無くなります。階級支配の権力という性格を国家は失っていきます。立憲主義が代議制度によって制限してきた執行権力そのものが、階級的な強制権力という性格をしだいに衰滅させていきます。国家がある程度引き受けてきた公共的な諸機能の方は保持されて共同体の自治に発展し、さらに充実させられます。

共産主義社会＝各個人の完全で自由な発展を基本原理とする、より高度な社会形態

それとともに、自由・平等・人権尊重・ルール（社会契約）順守・公私峻別などの感覚が常識のように定着した全く新しい感性をもつ世代、「社会化された人間」(注1)があらわれてきて共同体の自治を自然体で運営するようになっていきます。

そういう未来社会でも、人が生きていくためには生産・分配・交換（輸送）・消費が必要であり、それらの活動は「自然的必然性」(注1)に従わなければなりません。そういう経済活動の領域をマルクスは必然の国と呼んでいます。ただしそういう領域においても、自然的必然性を人間や自然に優しいように科学的・合理的に活用することは可能です。そうすれば、合理的に短縮された労働日以外の時間を、各人は自由に使うことができるようになります。

そういう未来の共同体について、マルクスは次のように書きました。

「**各個人（jedes Individuums）の完全で自由な発展を基本原理とする、より高度な社会形態**」(注2)。

「必然の国の向こう側で、人間の力の発展ということが、それ自体が自己目的となる人間の力の発展が、つまり真の自由の国が始まるのであるが、ただしそれはあの必然の国を自分の基礎とし、その上においてだけ開花できるのである。労働日の短縮が根本条件なのである」（注1）

階級分裂が解消され、労働日が短縮された上に、人間の力の発展を自己目的とする「真の自由の国」が開花するというのです。

思い返せば、マルクス達は青年時代に人間が営利手段として扱われる資本主義的風潮を批判していました。しかし未来の共産主義社会では、人間の力の発展ということ自体が自己目的とされるようになるというのです。不慮の事故や災害、病気などの場合は別として、各個人が潜在的にもっている可能性を目いっぱい伸ばし切る生き方が、全員にとって可能になるというのです。

市民革命によって近代立憲主義と一体に獲得された解放が、政治的解放の限界に留まることなく、労働者革命によってさらに前進させられて人間的解放の完成に、真の自由の国に辿り着くというのです。

（注1）『資本論』第三部、MEW第二五巻八二八ページ。

（注2）『資本論』第一部、MEW第二三巻六一八ページ。各個人の「自由な個性」の形成・発展は、マルクスの経済学研究を生涯を貫いた問題意識でした（『資本論草稿集』第一部一三八ページ参照）。

結び　立憲主義——民主主義——共産主義の中心軸を貫く人間解放への希求

以上、立憲主義に関する二人の発言を概ね時系列順に、また国ごとにみてきました。それらの全体から立憲主義に関する彼らの立場は概ねつぎのようにまとめられるのではないかと考えます。

イギリスで、王家を二度も追放するほどの熾烈な闘争を経た上で、国家権力は臣民の権利と自由を侵害しないという合意が国王と議会との間で成立しました。土地貴族に公式の統治者という地位を引き続き認めながらも、ブルジョアジーが事実上市民社会の決定的な部面のすべてを支配するという妥協として立憲君主制が史上最初に確立されました。そういう妥協的要素が立憲君主制にあるとはいえ、それでも、封建的・絶対主義的束縛や抑圧からの各個人の「政治的解放」を憲法という社会契約によって確立することを、マルクスは立憲主義の中軸に据えて理解し、そういう政治的解放のいっそうの徹底を求めました。

例えば、当時のフランスの立憲君主制下、国教制によって信仰の平等な自由が侵害されている事実を当時のフランスの立憲主義体制における政治的解放の中途半端と批判しました。

民主共和制にまでなると、平等な自由原則に反する遺物も解消されて、人民各成員を人民主権への平等な参加者であるとする国民同士の合意に発展し、人権尊重が宣言され、公人と私人とへの分離、国家から市民社会への宗教の移動、——公権力が多様な私人の私生活（の自治）に介入しないことも概ね確立しました。——それらのことをマルクスは、政治的解放の完成と呼びました。また、立憲君主制にある近代的代議制国家という契機と、古い特権国家という契機との間の矛盾を止揚した、民主的代議制国家を完成した近代国家と呼びました。そういう政治的解放を彼は一大進歩と評価しました。つまり、絶対君主制——立憲君主制——民主共和制を、互いに無関係な並存とみるのでなく、より進歩的な国家体制へ移行していく段階として理解したのです。そして、その過程を通じて前進してきた人間的解放をさらに前進させることを目指しました。

というのは、封建的・絶対主義的な抑圧や束縛からの政治的解放が前進しても、人が営利のための手段と見なされる人間疎外が残ったからです。法の下での平等が宣言されても、賃金労働者階級が搾取されて失業や貧困あるいは長時間過密労働に苦しむというような、経済的・実態的な不平等が残ったからです。そういう資本主義固有の矛盾や階級分裂を廃止して、各個人の自由な発展と幸福追求がすべての人にとって可能となる人間的解放の完成にまで進むことを目指して、マルクスとエンゲルスは共産主義者になりました。

ただし二人は、さしあたり民主主義者として行動し、祖国ドイツの三月革命後は、「ドイツにおける共産党の要求」において民主共和制の統一国家と男女普通選挙制の実現を求めました。『新ライン新聞——民主制の機関紙』を発行して民主党に参加し、民主主義者の逮捕を報道・告発し、そのことに関して訴追され、法廷で無罪判決を勝ち取りました。

プロイセン国王のクーデタに対抗した制憲議会の納税拒否決議の支持アピールをだした民主党ライン地方委員会が訴追されたときには、被告人にマルクスも加わりした。彼はすべての立憲国家の憲法（Konstitutionen）には、立憲的な執行権力が受ける諸制限として、君主による議院停会に法定期限の規定があるのに反して、プロイセン国王が欽定した国憲（Verfassung）には、その規定が欠けている事実を指摘して、同国憲が近代立憲主義の憲法に該当しないことを論証しました。彼はつぎの通り喝破しました。

「プロイセンには憲法（Konstitution）は存在していません――それをこれからつくるところだった」憲法議決目前の議会を破壊するクーデタに対抗する納税拒否決議の方が立憲主義に沿うものであることを、論証したのです。この件も判決は無罪でした。共産主義者マルクスは、民主主義と立憲主義の革命的名誉を救ったのでした。

その後、彼らはイギリスに亡命しました。マルクスは代議制度と執行権力の制限を、立憲君主制のイギリス憲法と、民主共和制の合衆国憲法の両方に共通する指標と書きました。

アメリカで奴隷制旧制度を廃棄する革命的な戦争が憲法の字句から外れないように細心の注意を払いながら遂行された事実から、極めて貴重な教訓をマルクスは学びました。また、イギリスにおける労働時間の法的制限を彼は大憲章と称賛しました。そのような米英両国では「労働者が国会あるいは議会で多数を占めたとすれば、彼らの発展の道を邪魔している諸法律や諸制度を彼らは合法的な道で排除できることになる」ことに注目したのです。もし「奴隷制擁護の反乱」が起これば合法的に鎮圧できる立場を得られることにも注目したのです。

エンゲルスは後年、アメリカと第三共和制フランスだけでなく、イギリスも含めて、人民の代表機関が全権力を自らに集中し、人民の大多数に支持されるやいなや、望むことを何でも合憲的に実行しうる国々と呼びました。この規定が名実ともに公式に確立するのは民主共和制ですが、実態としては立憲君主制のイギリスにも右の規定が該当するというのです。

しかし、プロイセン・ドイツ帝国のように、軍事的専制政府が立憲主義を外見だけ装いながら、鉄と血で弾圧してくる場合は党機関紙の発行などによる抵抗権の行使を援助しました。社会主義者取締法失効後は、自分達も再び合法的手段でやってみるように助言し、軍事的挑発に乗らないようにも再三忠告しました。

フランスで第二帝政が崩壊して第三共和制が宣言されたとき、マルクスはつぎの通り呼びかけました。「労働者は市民としての自分たちの義務を果たさなければならない…。彼らが共和制の自由という機会を穏やかに決然と活用するようにさせよう」

その民主共和制憲法下で、君主制復活派内閣の承認を否決した議会をマクマオン大統領が停止（後に解散）した際、それを反立憲主義とマルクスは呼びました。内閣人事に関する議会承認は、代議制議会による執行権力の制限を制度的に保障するための入口となる手続きです。それは、立憲君主制であろうと民主共和制であろうと違いません。その承認を否決した代議制議会を執行権力の側が停会したとき、それを反立憲主義と呼んだのです。近代の民主共和制が立憲主義を不可欠の契機として内包しているというマルクスの理解が明確に見て取れます。

そのとき、労働者階級は共和主義者として行動し、共和派に投票を集中してマクマオンの反立憲主義を挫折させ、立憲主義を守り抜くことに大きく貢献しました。

民主共和制が十分定着し、それに内包されている立憲主義が恒常的に機能していると、立憲主義という契機はあまりにも当然の大前提となって人々の意識に鋭く浮かび上がることは少なくなりますが、それでも立憲主義は機能し続けます。第三共和制が定着したフランスでは、革命権は普通選挙によって議会で多数を得るというように形態を変えたとエンゲルスは説明しました。社会発展のどの段階までいつ進むのか進まないのかというのは、そのつど選挙で示される、人民の合同意思が決めるというのがルール（—社会契約）なのであって、あらかじめ人民の大多数の支持を獲得しながら進むように説いたのです。

将来の社会主義政権について二人は、国家形態となりうるのは「まさに」（マルクス）民主共和制「だけ」（エンゲルス）であると考えました。民主共和制はそのためのすっかりできあがっている政治形態、うってつけの形態とエンゲルスは書いています。そういう未来社会に関する二人の発言では、民主共和制あるいは単に共和制という言葉が専ら使われており、民主共和制に不可欠の契機として内包されている立憲主義が文言としてあらためて登場する事例はみられません。しかし、民主共和制に内包されている立憲主義の諸要素は、二人の発言の端々に現れてきます。

主要な生産手段を社会の手に移す過程では、自営業の所有に強制的に介入することはなく、旧封建領地等を買いとることができれば、それが最も安上がりだというのが彼らの見解でした。買いとりという方式は、米国南北戦争で反逆しない奴隷主にリンカーン政権が採った政策でした。奴隷達のために自由を買いとったのでした。「奴隷制擁護の反乱」に加わらない奴隷主に対しては、彼らの所有権を尊重して代償を支払い、立憲的な配慮を加えたのでした。奴隷制という旧制度を廃止する過程で示された立憲主義的な経験と教訓を活かし、未来の社会主義的変革に際しても、自制的な資本家階級から生産手段を買い取ることができれば、無用な犠牲と破壊を避けることができるので、それが最も安上がりになります。

その社会主義変革が決着して、階級支配ということが消滅すれば、国家権力はひとりでに眠り込んでいき、物を管理し生産過程を指揮する共同体の自治が現われ、人々は公共的諸機能をルールに基づいて実務的に処理することになります。

立憲主義——民主主義——共産主義の関係をやや図式的に整理すると、立憲主義は国家体制としては立憲君主制から民主共和制までを包括的に貫く政治的・法的原理ということになります。民主主義はその不可欠の契機として立憲主義を引き継ぎます。そして、さらに国民主権という本質的な契機や自由の平等、公人と私人との分離などの契機が確立します。国家形態である民主共和制において階級闘争が戦い抜かれ、歴史の大局的な流れとしてはブルジョア共和制からプロレタリア執権に移行していき、主要な生産手段を社会の手に移すことによって階級が廃止され、資本主義から共産主義へ移行します。立憲主義が制限してきた国家権力は眠り込んでいき、他方、立憲主義が保護してきた各個人の自由は侵害されないという保障に加え、生活手段の分配と提供や自由時間の拡大という積極的な保障も受けるようになって、社会は各個人の自由な発展がすべての人の自由な発展のための条件である連合体へ前進することになるというのです。

マルクス達の理解では、立憲主義——民主主義——共産主義には発展的継承性があり、その過程には自由を求める人間解放への希求という同一の中心軸が貫いているのであって、それをもっとも首尾一貫したところまで徹底したのが共産主義なのです。ですから、民主制がまだ獲得されていないのに応じて民主主義者として行動し、反立憲主義の危機に面して立憲主義を守ることは、共産主義者にとっても本質的な利害なのであって、そのために共同でたたかうのも当然ということになります。

二人の発言をみてきたいま、彼らからつぎのように助言されているかのような気持ちに私はなるのですが、ここまでお読みいただいた皆さまはいかがでしょうか。

命・平和・憲法・立憲主義……、皆さんが大切にしているものはどれも力を合わせてたたかうことによってしか守り抜くことができないものばかりなのです。

マルクス夫妻

晩年のエンゲルス

《マルクスとエンゲルス誕生以前の出来事》

1215　（英）マグナカルタ
1642～49　（英）ピューリタン革命
47　（英）水平派が人民協約を提唱。水平派指導者処刑
49　（英）国王チャールズ1世処刑（共和制に）
51　（英）トーマス・ホッブス『リヴァイアサン』
53　（英）統治章典、制定に至らず
60　（英）王政復古
88～89　（英）名誉革命
89　（英）権利の章典公布（立憲君主制に）
90　（英）ジョン・ロック『統治二論』
1762（仏）ジャン・ジャック・ルソー『社会契約論』
1775～83　（米）独立戦争
76　（米）独立宣言
87　（米）成文憲法制定
89　（仏）大革命。人権宣言
91　（仏）立憲君主制憲法
92　（仏）第1共和制
93　（仏）ルイ16世処刑。第1共和制憲法制定（男子普通選挙権）
94　（仏）ロベスピエール処刑。統領政府の専制
95　（仏）新憲法制定（制限選挙）
97　（仏）1793年憲法の復活を求めたフランソワ・バブーフ処刑
99　（仏）ナポレオンのクーデタ
1804　（仏）民法典制定。ナポレオンが皇帝即位（第1帝政）
1812　（スペイン）議会が憲法を制定
14　（仏）ナポレオン敗戦
15　（仏）ナポレオン復帰後、再び敗戦
15　（仏）ブルボン家復位。ライン地方はプロイセン領に。

《マルクスとエンゲルス存命の時期の出来事》

18　(独) マルクス (以下、Mと記載) 誕生 (ライン地方トリール市)
20　(独) エンゲルス (以下、Eと記載) 誕生 (ライン地方バルメン市)
22　(ポルトガル) 憲法制定議会の作った立憲君主制憲法を国王が承認
30　(仏) 7月革命 (ブルボン家追放)。立憲君主制のオルレアン王朝に
31　(ベルギー) オランダから独立 (立憲君主制に)
32　(英) 第1回選挙法改正
33　(英) 工場法制定
37　E、グレーバー宛手紙で「立憲主義」称賛。
43　M、「ユダヤ人問題は立憲主義の問題」(「ユダヤ人問題によせて」)
44　E、「イギリスの立憲君主制は、そもそも立憲君主制というものの完成体」(「イギリスの状態 (イギリスの憲法)」)
(45頃) M、仏第1共和制を「立憲代議制国家」と書く (ノートへのメモ書き)
46　(英) 穀物法廃止。チャーティストが議会下院に当選。
47 (英) 女性と年少者の労働を1日10時間以内に制限 (工場法改定)
48　ME、『共産党宣言』
48　市民革命:イタリア。仏2月革命 (第2共和制)。フランス臨時政府起草の新憲法草案には社会権規定も含まれていたが、現実に成立した憲法では削除されていた。M、仏第2共和制を「立憲共和制」と書く、(『ルイ・ボナパルトのブリュメール18日』)。プロイセン3月革命。オーストリアにも革命が波及。年末にプロイセン国王が反革命クーデタ、暫定国権欽定。
48～49　ME、「新ライン新聞――民主制の機関紙」で民主主義、立憲主義の立場から論陣を張る
49　ME、ケルン陪審法廷で「出版の自由」を主張し、民主主義と立

憲主義の立場から「革命的名誉」を救う

50　プロイセン国王が国憲を公式欽定

50　（英）1日10時間労働制限を男性にも拡大（工場法改定）

51　（仏）大統領ルイ・ボナパルトが軍事クーデタで第2共和制を破壊

51　オーストリア帝国が絶対君主制に復帰

52　（仏）　ルイ・ボナパルトが皇帝に即位（第2帝政～1870）

56　M、伊で「立憲主義が」「復活」と書く（論説「サルデーニャ」）

60～65　（米）南北戦争

61　オーストリア帝国、二月勅令で国権欽定

62～65　プロイセンでビスマルク首相が国憲に反して予算立法なしの財政執行

62　（米）奴隷解放令

65　米国のリンカーン大統領再選に第1インタナショナルが祝辞、リンカーン大統領謝意

65　（米）憲法修正（奴隷禁止）

66　（独）普墺戦争でプロイセンが勝利。北ドイツ連邦結成。（男子普通選挙実現）

68　（日）　明治維新

69　M、立憲主義のベルギー王国軍隊によるストライキ労働者への弾圧に国際労働者協会（第1インタナショナル）の呼びかけで抗議

69　M、プロイセン王国を「偽装立憲主義」と呼ぶ（ポール・ラファルグ宛手紙）

70～71　普仏戦争でプロイセンが勝利。

70　（仏）第3共和制宣言

71（独）プロイセン王国主導でドイツ帝国（1871 － 1918）成立

71　（仏）パリ・コミューン

72　E、ドイツ帝国を「外見的立憲主義」と呼ぶ（論文『住宅問題』）。

72　M、「アメリカやイギリスのように、そして私があなた方の制度をもっとよく知っていたならば、おそらくオランダをもそれにつ

けくわえるであろうが、労働者が平和的な手段によってその目標に到達できる国々」(国際労働者協会「ハーグ大会についての演説」)

75 (仏) 第3共和制憲法成立

75 (独) ゴータ大会 (ドイツ社会主義労働党結成)。その綱領案の討議でM、ドイツ帝国を「軍事的専制政府」と規定し、民主共和制の実現を求めるように助言 (「ゴータ綱領批判」)。

76 プロイセン裁判所がドイツ社会主義労働党に禁止判決
オーストリア帝国でも報道・集会・結社の自由抑圧

77 (仏) マクマオン大統領が君主制復古派首相を指名し、議会を解散。M、マクマオンの権限乱用を「反立憲主義」と書く (エンゲルス宛手紙)。下院選挙で労働者階級が共和派に投票。

77 E、オーストリア帝国を「外見的立憲君主制」と呼ぶ (論説「1877年におけるヨーロッパの労働者」)

78 M、「イギリスや合衆国において、労働者が国会ないし議会で多数を占めれば、彼らは合法的な道で、その発展の障害になっている法律や制度を排除できるかもしれない」(メモ〔社会主義者取締法案に関するドイツ帝国議会討論の概要〕)

78～90 (独) 社会主義者取締法。「ゾツィアル・デモクラート」紙をスイスで印刷してドイツに持ち込み

79 (仏) マクマオン大統領辞職

83 M死去

88 オーストリア社会民主労働党結成

89 (日) 明治憲法欽定

90 (独) 社会主義者取締法廃止

91 オーストリア帝国、例外法廃止

91 E、「人民の大多数に支持されるやいなや望むことをなんでも憲法に基づいて実行しうる国々では、古い社会が成長して平和的に新しい社会に入りこむこともありうる」(「エルフルト綱領批判」)

93 オーストリア帝国、選挙権拡大法案を政府が議会に提出

94　E、「共和制は…プロレタリアートの将来の支配にとってすっかりできあがっている政治形態」（ポール・ラファルグ宛手紙）E、オーストリアを「初歩的な立憲主義」と呼ぶ（ヴィクトル・アードラー宛手紙）

95　E、死去

《マルクスとエンゲルス没後の時期の出来事》

1907　オーストリア帝国で男子普通選挙権実現
14～18　第１次世界大戦
18　ドイツおよびオーストリアで帝政崩壊
19　(独)、ワイマール憲法、社会権条項を明記
33～45　(独) ナチス独裁
36　(仏) 人民戦線政府成立、週40時間労働制、有給休暇制度実現
39～45　第２次世界大戦
45　(独) 東西分割
45　第２次世界大戦終了、フランスや日本その他で普通選挙権が女性にも拡大へ
46　(仏) 第４共和制
46　(日) 日本国憲法公布
47　(伊) 王政廃止、共和制に
58～　(仏) 第５共和制
89　(独) 再統一

市橋秀泰（いちはし　ひでやす）

1953 年　兵庫県生まれ。

1977 年　東京大学経済学部卒業。

鉄鋼輸出会計、発電所設備輸出営業、北京駐在。

政治活動。

2018 年　退職。

論説：「今日における労働価値説の意義――『保革対立消滅』論の経済学版を批判する」（『赤旗』1993 年 11 月 7 日付）

翻訳：「『資本論』第三部への補足と補遺」(エンゲルス) についての『ノイエ・ツァイト』の「はしがき」（『経済』2000 年 6 月号）

論説：「外需だのみの『小泉改革』経済論 --2001 年度『経済財政白書』批判」（『前衛』2002 年 6 月号）

訳書：カール・マルクス著『ルイ・ボナパルトのブリュメール一八日』新日本出版社、2014 年

『立憲主義をテーマにマルクスとエンゲルスを読む』

2019 年 12 月 20 日　　第 1 刷 ©

著　者　　市橋秀泰

発　行　　東銀座出版社

〒 171-0014　東京都豊島区池袋 3-51-5-B101

☎ 03（6256）8918　　FAX03（6256）8919

https://1504240625.jimdo.com

印刷　モリモト印刷株式会社